puro
pilates

Título original: Pure Pilates
Primera publicación: Mitchell Beazley
Una impresión de Octopus Publishing Group Ltd

Traducido del inglés por Miguel Iribarren Berrade

© 2000 Octopus Publishing Group Ltd
   2–4 Heron Quays, London E14 4JP

© de la presente edición
   Editorial Sirio, S.A.
   C/ Panaderos, 9
   29005-Málaga (España)

ISBN: 84-7808-341-3

Dibujos: Kenny Grant
Ilustraciones: Helen Stallion,
                  Khali Dhillon
Fotografías: Ruth Jenkinson
Modelos: Beth Caterer
                  Simon Spalding

Para más información sobre los Pilates, visite la web de Michael King en la
siguiente dirección: www.michaelking.co.uk

contenidos

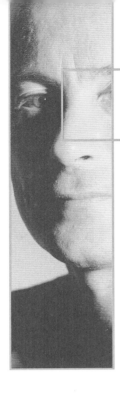

introducción

El método Pilates es algo más que una serie de ejercicios físicos: es un acercamiento conceptual al movimiento que cambiará tu manera de sentir y de pensar, además de tu aspecto externo. La técnica puede enseñarse de diversas maneras, dependiendo de si se desea conseguir fuerza o relajación. En *Puro Pilates* tratamos de encontrar un equilibrio entre ambas.

Hace veintidós años, siendo bailarín de la Escuela Londinense de Danza Contemporánea, entré en contacto con los ejercicios Pilates. Y aunque formaban parte de nuestro entrenamiento diario, no entendí plenamente su importancia. Hasta que no comencé a practicarlos para curarme una lesión de espalda, no pude apreciar su fuerza y efectividad. Me encantaba cómo ayudaban a curar mi cuerpo. El método me inspiró tanto que continué mi formación con Alan Herdman, el primer profesor que trajo los Pilates de América a Europa.

En 1982 abrí mi propio estudio, Body Control, conectado con los estudios de danza Pineapple de Covent Garden. Dos años después me ofrecieron dirigir el estudio Pilates de la Compañía de Ballet de Houston, en Texas, que atendía a los bailarines y a colaboradores externos. (Durante este periodo también realicé una formación para poder enseñar los nuevos ejercicios de aerobic inspirados por Jane Fonda.) Desde entonces me he dedicado a enseñar el método Pilates.

Es muy emocionante observar la repentina popularidad que estos ejercicios están adquiriendo. Tanto por mi experiencia tras la lesión de espalda, como por mi extenso trabajo en el mundo de la preparación física, he llegado a apreciar el verdadero valor y significado de la técnica. Antes pensaba que encorvarse es parte inevitable del proceso de envejecimiento. Ahora veo que nuestra manera de tratar cotidianamente nuestros cuerpos puede afectar nuestro modo de sentirnos y nuestro aspecto a medida que nos hacemos mayores.

Mi objetivo es transmitir la información y el conocimiento que he recogido a lo largo de los años y compartir los secretos clave para hacer de este trabajo un éxito. Pilates es una técnica muy variada y puede ser enseñada en muchos formatos y estilos. Creo que practicando Pilates puros todos podemos alcanzar un mejor equilibrio, tener cuerpos más esbeltos y sentirnos más centrados y menos tensos. Recuerda que es tan importante dominar los elementos vitales que están detrás de la técnica como la simple práctica de los movimientos. Pilates no es sólo una serie de ejercicios físicos, sino una práctica basada en un concepto que cambiará tus viejas suposiciones. Los ejercicios Pilates han sido denominados «una manera mental de moverse». Usar este método implica contraer un compromiso contigo mismo, con tu cuerpo y con tu bienestar. Puedes conocer perfectamente los movimientos sin llegar a apreciarlos adecuadamente.

El método Pilates también incluye otros aspectos, como dormir lo suficiente, comer bien y realizar el programa de preparación física habitual. A lo largo de los años he combinado los Pilates con otras series de ejercicios regulares. Los ejercicios Pilates no son «en lugar de», sino «además de». En otras palabras, no reemplazan tu programa habitual de ejercicio físico, sino que son una adición valiosa y necesaria.

Sé que los Pilates resultarán tan fortalecedores para ti como lo han sido para mí.

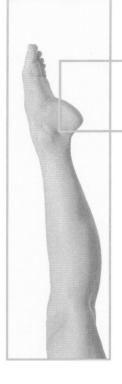

¿Qué son pilates?

Los Pilates te ofrecen una nueva manera de pensar respecto a tu cuerpo. Practicando los movimientos ganarás autoconciencia y serás más capaz de controlar tu cuerpo y tu vida. Aunque la técnica te saque a veces de tu zona de comodidad, los beneficios de este hecho es que empezarás a comprender y apreciar no sólo tus puntos fuertes, sino también tus debilidades.

En este principio de milenio, las técnicas corporales que también reconocen el poder de la mente están suscitando un renovado interés. Los Pilates, como las técnicas Alexander, Feldenkrais y el yoga, entran dentro de este apartado cuerpo-mente. Todas ellas ofrecen filosofías alternativas al pensamiento convencional sobre la salud y la preparación física.

Mente y movimiento

Los Pilates reciben su nombre de su inventor, Joseph Pilates, que formuló los ejercicios en 1920. Originalmente existen 34 movimientos Pilates. Además del trabajo sobre suelo, también hay ejercicios con aparatos. Estos aparatos, diseñados por el mismo Joseph Pilates, tienen nombres curiosos y fantásticos como la Silla Wunda, el Cadillac y el Pedi-Pul. En un estudio Pilates tradicional pasas media sesión haciendo trabajo con aparatos y la otra mitad realizando ejercicios sobre suelo. Cada uno de ellos ofrece beneficios diferentes. Si puedes tener acceso a un estudio Pilates, lo descubrirás por ti mismo: trabajar con los aparatos es genial.

Alternativamente, si eso te resulta imposible, los ejercicios de suelo proporcionan un programa extremadamente completo en la comodidad de tu propio hogar.

Belleza y beneficio

Los ejercicios Pilates se han estado practicando a lo largo de los últimos setenta años, pero últimamente están recibiendo mucha atención por parte de la prensa. Muchas estrellas de Hollywood corroboran la validez de la técnica. Madonna, por ejemplo, afirmó que el método Pilates es la única manera de hacer ejercicio. Como resultado de tales alabanzas públicas, los ejercicios Pilates han dejado de ser un secreto exclusivo de los ricos y famosos. Lo que antes podría haber parecido una extraña actividad sectaria se ha convertido actualmente en una clase muy popular en los clubes de salud de todo el mundo. Mientras que algunos se interesan por los Pilates porque producen un cuerpo escultural, otros llegan a conocerlos por sugerencia de su médico o fisioterapeuta. En concreto, los Pilates han sido la primera elección para muchas

Respaldo de las celebridades

Los ejercicios Pilates siempre han atraído a las estrellas. Inicialmente Lauren Bacall y Gregory Peck se interesaron en la técnica. Ahora toda una nueva generación ha adoptado el método Pilates, entre los que se incluye a la actriz Jodie Foster, el bailarín Wayne Sleep, el jugador de tenis Pat Cash y la ídolo pop Madonna.

personas que, como yo, tienen lesiones de espalda. Considero que son una excelente técnica preventiva que fortalecerá tu cuerpo frente a lesiones potenciales. Sin embargo, no pueden reemplazar la prescripción médica. Si tienes un problema físico, descubre qué te ocurre antes de probar los movimientos Pilates. Los problemas específicos deben ser tratados por un terapeuta cualificado.

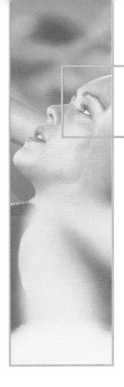

¿por qué pilates?

La técnica Pilates es única en el sentido de que ejercita sistemáticamente todos los grupos musculares de tu cuerpo, tanto los débiles como los fuertes. Combina la insistencia en la flexibilidad propia del yoga, con el énfasis en la fuerza muscular que encontramos en los gimnasios. Así, está orientado a crear un equilibrio y una pose natural, tomando en consideración todos los factores necesarios para mantener el cuerpo sano.

La gente a menudo se pregunta cómo los ejercicios Pilates pueden cambiar la forma corporal. El secreto es muy simple: los movimientos Pilates estiran los músculos delicadamente, dándoles formas más esbeltas y alargadas. Puede que sirva de ayuda explicar a qué me refiero al decir «alargadas». Los ejercicios de musculatura aumentan la masa muscular, sobrecargando los músculos, rasgando las fibras y haciendo que se rehagan. Este proceso acorta y fortalece los músculos. Los Pilates son diferentes porque hacen exactamente lo contrario: estiran continuamente tus miembros y torso, asegurando que los músculos se vuelvan más largos y esbeltos en lugar de acortarlos y hacerlos más recios.

Nueva manera de pensar

Ahora se está reconociendo ampliamente que los programas de preparación física que hemos estado siguiendo durante tantos años, si bien no están equivocados, son incompletos. Ahora los ejercicios son más seguros: la gente ya no se lesiona en los gimnasios, pero sí fuerzan los músculos en

casa o en el trabajo cuando sacan algo muy pesado del coche o cogen en brazos a su hijo. Esto se debe a que los ejercicios habituales no preparan el cuerpo para estas actividades. Tradicionalmente, los ejercicios y las prácticas de fortalecimiento han compartimentalizado el cuerpo, actuando sobre algunas partes, como el bíceps en una flexión de bíceps o el cuádriceps en una extensión de la pierna. Pero no hemos entrenado a las partes de nuestro cuerpo para que trabajen juntas, en sinergia.

Permanezcamos unidos

Piensa en el ensayo de una orquesta; la sección de viento puede ensayar en una habitación mientras la sección de cuerda lo hace en otra. La sinfonía sólo se unifica cuando todas las partes de la orquesta tocan sus instrumentos juntas. Los ejercicios habituales mantienen a las distintas secciones de la orquesta tocando separadamente. A pesar de que cada sección puede ser competente y estar técnicamente preparada, tienen que hacer el ensayo general para conseguir una actuación equilibrada.

Líneas de simetría

El cuerpo está construido a lo largo de líneas de simetría y cada movimiento que hacemos está sujeto a compensaciones y equilibrios. Levanta el brazo izquierdo hasta que esté en posición horizontal y mantenlo ahí. Pon la otra mano en el lado derecho de la espalda. Debes poder sentir cómo se tensan los músculos de la espalda.

Puesta en forma funcional

«La puesta en forma funcional» es una práctica que actualmente está muy de moda. Las revistas están llenas de artículos sobre el tema. Pero, ¿qué significa? Dejadme que lo explique volviendo al gimnasio para mirar al típico aparato de levantamiento de pesas en posición sentada. En este tipo de aparato te sientas y levantas las pesas que tienes delante de ti. En un día bueno puedes ser capaz de empujar 20, 25 o 30 kilos. Sin embargo, si pusieses el apoyo de tu espalda tan sólo dos centímetros más adelante, sólo podrías levantar una tercera parte de ese peso. Así, sin el apoyo de la silla que tienes detrás,

puedes ver la verdadera medida de tu fuerza funcional.

Sentarse y escuchar

Me he dado cuenta de hasta qué punto la forma de nuestros cuerpos refleja nuestras actividades cotidianas. Seamos conscientes de ello o no, literalmente damos forma a nuestros cuerpos. Las personas con la mejor postura del mundo son los japoneses tradicionales. ¿Por qué? Porque usan sillas sin respaldo. Aquí, en Occidente, nos hemos hecho la vida cómoda diseñando asientos con respaldo tanto en el hogar como en el coche o en el avión. No pedimos gran cosa al cuerpo en nuestras actividades cotidianas. Por la mañana pasamos de sentarnos a la mesa del desayuno a sentarnos detrás del volante, para a continuación sentarnos ante el escritorio y después sentarnos a comer. Después volvemos al escritorio, regresamos a casa en el coche, nos sentamos delante del televisor y nos vamos a dormir. Puede que vayamos al gimnasio tres veces por semana y que hagamos un poco de ejercicio esperando que devuelva el equilibrio a nuestra vida. ¿Puede sorprendernos que el 80 por ciento de nosotros suframos dolores de espalda en algún momento de nuestra vida?

Entrenarse para la vida

La modernidad nos ha hecho la vida tan fácil que no exigimos ningún trabajo a nuestras espaldas. Desgraciadamente, en el Japón contemporáneo, los jóvenes tienen los mismos problemas posturales que nosotros. Solemos hablar de ir al gimnasio a entrenar, pero entrenamos nuestros cuerpos para que se comporten de otro modo durante todas las horas del día que no estamos en el gimnasio.
Como la vida moderna deja tan poco tiempo y lugar para un programa de ejercicio integrado, no debe sorprendernos

que durante los últimos años se haya producido un avance significativo de las técnicas que combinan cuepo y mente. Sólo estas disciplinas nos ofrecen la oportunidad de utilizar nuestros cuerpos de manera completa. Hacemos ejercicio para mejorar nuestra «calidad de vida». Pero, ¿qué quiere decir eso? Significa que queremos que nuestros cuerpos mejoren y se enriquezcan. Por ejemplo, queremos ser capaces de llevar la compra, de levantar a un niño en brazos, de mover el armario o de empujar el coche si se estropea. Éste es el tipo de actividades diarias que exigen fuerza funcional.

Postura profesional

Los ejercicios funcionales son los que están diseñados para servir a las necesidades de la vida cotidiana. Muchas de las personas que acuden a mis clases a la hora de comer se pasan todo el día sentadas detrás de un escritorio. Como instructor de Pilates, yo les enseño a sentarse (fortaleciendo su estabilidad fundamental), ya que estas personas son «profesionales del estar sentados». En su caso no tendría mucho sentido dedicarse a tener el bíceps más grande o las piernas más fuertes. No es que estas cosas no sean importantes y no se les deba dedicar atención y trabajo, pero mi prioridad consiste en fortalecer sus cuerpos para la actividad que más practican durante el día. Los Pilates desarrollan las áreas que requieren atención y fortalecen nuestras zonas más débiles. Fortalecer el abdomen es vital para la mayoría de nuestras actividades cotidianas, ya que esta zona es la que nos proporciona la estabilidad fundamental.

Simetría y sinergia

Me gusta comparar el uso que hacemos del cuerpo con montar una tienda de campaña. Nuestros movimientos se

componen de una serie de compensaciones y equilibrios; si ejercitamos el lado derecho del cuerpo tendremos que compensarlo en el izquierdo. Para que una tienda de campaña esté segura tiene que tener la misma tensión en ambas cuerdas: la de delante y la de atrás. Cuando hay demasiada tensión, las cuerdas corren peligro de romperse y la tienda no tendrá ninguna flexibilidad si sopla viento. Si siempre nos inclinamos hacia un lado, nuestra «tienda» de músculos quedará desequilibrada: si sólo entrenamos los abdominales y no los músculos de la espalda, estamos tensando únicamente una de las cuerdas de nuestra tienda. Sólo podemos alcanzar la verdadera estabilidad y equilibrio cuando la tensión es la misma delante y detrás, así como a ambos lados.

Un plan de trabajo integrado

Nuestros cuerpos piden un acercamiento integrado por el que ningún músculo se desarrolle a expensas de otro. El cuerpo está construido a lo largo de líneas de simetría y la técnica de ejercicios Pilates reconoce y aprovecha este hecho. Los hábitos diarios de nuestras vidas a menudo militan en contra de este acercamiento integrado y nos vemos llevando vidas muy sedentarias en oficinas donde no tenemos oportunidad de hacer uso de nuestro pleno potencial físico. El resultado es que pueden producirse síntomas como la «tensión repetitiva». Los ejercicios Pilates pueden restablecer el equilibrio y ayudarnos a tomar conciencia de lo que hacemos inconscientemente con nuestros cuerpos. Por medio de la autoconciencia podemos identificar y alterar nuestros hábitos perniciosos.

¿por qué pilates puros?

Los ejercicios sobre suelo auténticos y originales, tal como los diseñó Joseph Pilates, son más exigentes que los movimientos simplificados por los que abogan muchos profesores. Tendrás que ir aproximándote a los Pilates puros gradualmente, usando las alternativas más fáciles que ofrecemos. Pero si quieres verdaderos resultados, los ejercicios originales son los mejores.

Los Pilates te ofrecen un trabajo corporal pleno que pone a prueba tu cuerpo como ningún otro. Cuando Joseph Pilates diseñó los ejercicios sobre suelo originales, no tenía intención de ahorrarnos ningún esfuerzo. Algunos de los movimientos originales les resultarán muy difíciles de completar incluso a los atletas más en forma, simplemente porque requieren un control y una coordinación muscular que pocos de nosotros estamos acostumbrados a desplegar.

Facilitar la entrada

Para hacérselo más fácil a los principiantes, muchos profesores han diseñado versiones de los movimientos. Esto tiene mucho sentido, porque no todo el mundo puede hacer directamente el cangrejo o el tirón de pierna sin ir estirando gradualmente los músculos que va a emplear. Así, he colocado una serie de movimientos alternativos junto a los principales para permitirte empezar por una versión más fácil. Puede que haya personas que debido a condicionantes físicos o a tratamientos médicos no puedan llegar a realizar los

Pilates puros. No importa. Parte de la técnica Pilates consiste en conocer tus límites y trabajar dentro de ellos. En cualquier caso, si estás en forma y flexible, te darás cuenta de que puedes pasar a los ejercicios avanzados con más rapidez. Joseph Pilates desarrolló los movimientos para poner a prueba los músculos, sabiendo que tanto en su caso como en el tuyo llevarían a una tonificación perfecta. Estos ejercicios están destinados a extender y alargar los músculos para que adquieran una apariencia más esbelta y elegante.

Los ejercicios puros son los mejores

Las formas puras de los movimientos dan los mejores resultados porque son más intensas. Por esta razón he comenzado por presentar las formas puras de los movimientos y he dejado las alternativas en segundo lugar. Creo que siempre es bueno tener presente hacia dónde nos dirigimos. Aunque no hay una única manera correcta de enseñar y practicar los Pilates, son estos movimientos puros los que han superado la prueba del tiempo. Si tenemos

¿Quién tiene razón y quién no?

Conociendo los Pilates puros tendrás un punto de referencia para comprender las variaciones de los movimientos enseñados por distintos instructores. Las variaciones ofrecen una serie de efectos y beneficios específicos. El conocimiento especializado y la formación de los instructores determina cómo interpretarán los movimientos Pilates. El testimonio de la efectividad de la técnica original es que tantos hayan aprendido de ella y hayan pasado a diseñar sus propios programas.

la capacidad física de realizarlos, deberíamos aspirar a realizar los movimientos originales. Para conseguir buenos resultados también es necesario entender los principios, los elementos vitales que hacen de una disciplina lo que es. En este libro hemos presentado esos elementos uno a uno para que puedas comprender tanto el significado como los beneficios del trabajo Pilates.

hombre y mentor

A pesar de su tendencia infantil a la enfermedad, Joseph Pilates se negó a dejar que su mala salud física nublara su futuro. Determinado a desarrollar plenamente su potencial, estudió musculación, gimnasia, boxeo y buceo hasta que dominó todas estas disciplinas. Después de muchos años de estudio, desarrolló un planteamiento de la puesta en forma que cambió el punto de vista que la gente tenía del ejercicio físico. Ésta es su intrigante historia.

Joseph Humbertus Pilates nació cerca de Dusseldorf, Alemania, en 1880. Durante su infancia sufrió una serie de enfermedades debilitantes, como raquitismo, asma y fiebre reumática. Determinado a superar su mala salud física, se dedicó a ponerse tan fuerte y en forma como fuera humanamente posible. Esta determinación era característica de su animosa y voluntariosa personalidad. Aquella primera reacción a la enfermedad influiría en todas sus empresas futuras.

Forma física excelente
Durante su juventud, Pilates estudió y dominó numerosos deportes y prácticas físicas para ponerse en forma, incluyendo el esquí, la gimnasia, el buceo y la musculación. A los catorce años estaba en tan buena forma física que pudo trabajar como modelo para láminas anatómicas. En 1912 se trasladó de Alemania a Inglaterra, donde se ganó la vida ejerciendo gran variedad de trabajos que le exigían estar en condiciones físicas óptimas. Trabajó de boxeador, acróbata circense e instructor de autodefensa de los detectives ingleses.

Innovador de ejercicios
Cuando estalló la Primera Guerra Mundial, Pilates fue internado a causa de su nacionalidad; se le mantuvo en campos de internamiento en Lancaster y en la Isla de Man. Mientras duró este periodo trabajó de médico para los demás prisioneros. Le pareció un paso natural cuidar de la salud de los demás internos y les enseñó a ponerse en forma. Fue entonces cuando improvisó los primeros aparatos de ejercicios, quitando los muelles de las camas y fijándolos a las paredes que quedaban encima de ellas para que los pacientes pudieran practicar ejercicios físicos mientras estaban tumbados. Después de la guerra, Pilates volvió a Alemania, a Hamburgo, y continuó con sus programas de puesta en forma, colaborando con la policía hasta que fue reclutado por el ejército. En 1926, desencantado de Alemania, decidió emigrar a Estados Unidos. En la nave que le llevó a Nueva York conoció a una enfermera llamada Clara, la mujer con la que posteriormente contraería matrimonio.

Gurú de los bailarines
Poco después de llegar a Nueva York, Pilates estableció su primer estudio en el número 939 de la Octava Avenida. Aunque se sabe muy poco de cómo le fue su negocio en los primeros años, en 1940 Joe había adquirido cierta notoriedad entre los bailarines de la ciudad. «En un momento u otro», decía la revista *Dance Magazine* en su número de febrero de 1956, «prácticamente todos los bailarines de Nueva York se han sometido mansamente a la briosa instrucción de Joe Pilates». A principios de la década de los sesenta, Pilates podía afirmar que buena parte de los mejores bailarines de la ciudad eran clientes suyos. George Balanchine, uno de los coreógrafos de ballet más destacados y cofundador del Ballet de la Ciudad de Nueva York, practicaba en «lo de Joe» –como solía decir– e invitó a Pilates a instruir a los bailarines jóvenes de su aclamada compañía.
«Pilates», como se le conocía, se estaba haciendo muy popular también fuera de la ciudad de Nueva York. Como dijo el *New York Herald Tribune* en 1964, «en las clases

de baile de todos los Estados Unidos, cientos de jóvenes practican diariamente un ejercicio que conocen con el nombre de Pilates, aunque no saben que la palabra se escribe con «P» mayúscula, y que corresponde al nombre de un hombre que vive y respira».

La generación siguiente

Mientras Joe aún vivía, tan sólo de dos de sus estudiantes, Carola Trier y Bob Seed, se sabe con certeza que abrieron sus propios estudios Pilates. Trier tenía una amplia experiencia en el campo de la danza. Se había abierto camino hasta los Estados Unidos después de escapar de ser enviada a un campo de concentración nazi convirtiéndose en contorsionista de circo. Descubrió a Pilates en 1940, cuando una herida sufrida fuera del escenario truncó su carrera de bailarina. Joe Pilates ayudó a Trier a abrir su propio estudio a finales de la década de los cincuenta. La de Bob

Seed fue una historia muy distinta. Siendo un ex jugador de hockey convertido en entusiasta de los ejercicios Pilates, Seed abrió su estudio frente al de Joe. Trató de quitarle clientes abriendo su estudio más temprano por la mañana y se rumoreó que, como resultado de esta traición, Joe visitó a Seed pistola en mano y le conminó a que abandonara la ciudad. Seed desapareció rápidamente.

El legado

Cuando Joe falleció en 1967, tenía 87 años. No dejó testamento ni designó sucesor para continuar con el trabajo de los ejercicios Pilates. Sin embargo, debido a la popularidad y efectividad de la técnica, su trabajo estaba destinado a continuar. Clara, su esposa, mantuvo lo que ya se conocía como el estudio Pilates de Nueva York, y Romana Kryzanowska, una antigua estudiante que había sido instruida por Pilates en la década de los cuarenta, se

convirtió en su directora en los años setenta.

Otros estudiantes de Pilates fueron abriendo sus propios estudios. Ron Fletcher, un bailarín formado con Martha Graham, la figura central del movimiento de danza moderna, estudió y pasó consulta con Joe porque padecía un dolor crónico de rodilla. Fletcher acabó abriendo su propio estudio Pilates en Los Ángeles en 1970, donde atrajo a muchas de las estrellas más brillantes de Hollywood. Clara estaba particularmente prendada de Ron y le dio su bendición para que siguiera con el trabajo Pilates y con el nombre.

Como Carola Trier, Fletcher aportó numerosas innovaciones y avances a la técnica Pilates. Sus propias variaciones evolutivas de los Pilates estaban inspiradas tanto en sus años de danza moderna como en su otro mentor, el instructor de ballet Yeichi Nimura.

Kathy Grant y Lolita San Miguel también eran estudiantes de Joe que pasaron a ser profesoras. Grant asumió la dirección del estudio Bendel en 1972, mientras que San Miguel fue a enseñar Pilates al Ballet Concierto de Puerto Rico, en San Juan de Puerto Rico. En 1967, poco antes de la muerte de Joe, tanto Grant como San Miguel recibieron acreditación de la Universidad Estatal de Nueva York para enseñar Pilates. Se piensa que son las dos únicas personas certificadas personalmente por el mismo Joe.

Su amplia influencia

Para poder formular sus ideas, Joseph Pilates estudió gran variedad de deportes y disciplinas físicas, tanto orientales como occidentales. Las ideas de los antiguos griegos fueron las que más influyeron en él, y a menudo citaba la admonición de que en la vida se debería seguir la regla: «Ni demasiado, ni demasiado poco». Fue una de las primeras personas que favoreció la visión holística. Buscó en el mundo natural las claves del cuerpo humano y dedicó tiempo a estudiar de cerca los movimientos de los animales.

Las ideas de Joseph Pilates siguen siendo particularmente relevantes. Él culpaba al «constante empujar, presionar, apresurarse, hacinarse y amontonarse tan característicos de nuestros días» de muchas de nuestras dolencias físicas y mentales. «Este ritmo excesivamente acelerado», afirmaba, «se refleja plenamente en nuestra manera de estar de pie, caminar, sentarnos, comer e incluso hablar, y hace que estemos de los nervios desde la mañana a la noche». Esto es aplicable más que nunca a nuestras tensas y ajetreadas vidas actuales.

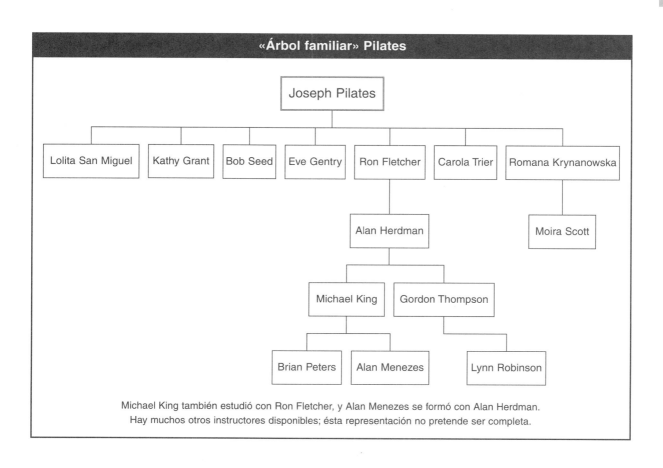

«Árbol familiar» Pilates

Michael King también estudió con Ron Fletcher, y Alan Menezes se formó con Alan Herdman.
Hay muchos otros instructores disponibles; ésta representación no pretende ser completa.

establece tus objetivos

Sea cual sea tu objetivo (redefinir tu forma corporal, aliviar la tensión o aumentar tu fuerza...) el primer paso es el pensamiento positivo. Los ejercicios Pilates cambiarán la forma de tu cuerpo. Lo he visto cientos de veces. También he comprobado que ayudan a aliviar los dolores de espalda y de cadera, y a corregir problemas posturales. Cree, practica y ¡observa lo que te ocurre!

Cuando pregunto a mis nuevos estudiantes qué es lo que desean obtener de los ejercicios Pilates, la respuesta más habitual entre las mujeres es: «Quiero tener un cuerpo como el de Madonna», mientras que los hombres insisten en que quieren tener el estómago «liso como una tabla». Otros objetivos muy comúnmente mencionados son aliviar el dolor de espalda y adquirir fuerza.

Paciencia y práctica

Cuando digo a la gente que los Pilates cambiarán la forma de su cuerpo, la pregunta que más se plantea es: «¿Cuánto tiempo tardaré en obtener resultados?» «Los obtendrás de manera instantánea», les contesto. Si te asientas mejor sobre los pies, metes ligeramente el abdomen y dejas caer los hombros, ¡mejorarás tu aspecto inmediatamente! En realidad, la pregunta debería ser: «¿Cuánto tiempo tardaré en mantener este aspecto sin tener que pensar en ello?» Siendo realistas, la respuesta es que se necesitan entre tres y seis meses de práctica regular.

Asuntos de peso

Hay un objetivo frecuentemente mencionado que no se puede alcanzar únicamente realizando ejercicios Pilates: no te ayudarán a perder peso. Si necesitas dejar unos kilos, deberías hacer ejercicios cardiovasculares entre cuatro y cinco veces por semana (encuentro que las clases del ciclo-de-rotación son las más eficaces para cambiar la distribución corporal de la grasa) y seguir un programa nutricional apropiado. Existen muchas teorías sobre la nutrición, pero yo he descubierto que una dieta combinada (separando el consumo de hidratos de carbono y proteínas) y una reducción de las grasas funciona bien para mis clientes.

Trabajar sobre las debilidades

Es importante reconocer cuáles son nuestros puntos fuertes y nuestros puntos débiles. Y cuando hablo de debilidades no me refiero solamente a falta de fuerza física. Una espalda tensa e inflexible es tan problemática como una espalda débil. Como los ejercicios Pilates equilibran el cuerpo, los diferentes movimientos nos ejercitan de maneras distintas. He descubierto que los movimientos que menos gustan a mis estudiantes suelen ser los que más les cuesta realizar. A menudo indican puntos débiles. En lugar de evitar los ejercicios que menos te gustan, es vital que persistas en ellos.

Una nueva forma corporal

Puede que nunca llegues a tener el aspecto de Madonna ni consigas tener el estómago perfecto como resultado de tu práctica, pero como mantendrás la postura adecuada y tendrás los músculos más largos y esbeltos, acabarás pareciendo una persona nueva. En cualquier caso, esto es algo que requiere tiempo. Vivimos en una cultura acostumbrada a quererlo todo «de inmediato». Lo mejor es empezar a pensar en tus objetivos sabiendo claramente que te costará algún tiempo cosechar (y sentir) todos los beneficios. Sé que ocurrirá, y sé que te sentirás deleitado por los resultados.

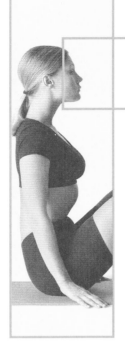

plan paso-a-paso

Los cuadros de las páginas siguientes están diseñados para ayudarte a diseñar tu propio plan de ejercicios. Úsalos para combinar distintos movimientos Pilates a medida que progresas hacia niveles de creciente dificultad e intensidad. Siguiendo estas directrices irás acumulando gradualmente fuerza y movilidad a partes iguales. Cada ejercicio ejercita los grupos de músculos de manera diferente.

Los cuadros de las páginas siguientes establecen las combinaciones que necesitas seguir para crear tu propia tabla de ejercicios Pilates. Empieza siempre por las variantes de menor intensidad y progresa únicamente hacia las más difíciles cuando te sientas feliz y notes que controlas tus movimientos.

La paciencia compensa

Los Pilates son más beneficiosos para quienes más paciencia demuestran. No caigas en la tentación de engañarte y saltar a niveles avanzados antes de estar preparado. Incluso la persona más en forma debería empezar por el nivel uno. Sólo así se puede aprender el trabajo de base que es tan necesario para progresar hacia los ejercicios más difíciles. Sabrás que estás preparado para pasar al siguiente cuando controles plenamente la respiración.

No te apresures

Vivimos en un mundo que nos dice que siempre es mejor esforzarnos y hacer las cosas deprisa para conseguir resultados.

Pero con los Pilates ocurre todo lo contrario. Trabajar lenta y correctamente nos asegura el pleno uso de todos nuestros músculos. Este mismo principio es igualmente aplicable en el gimnasio. Es mucho más productivo levantar y bajar un peso lenta y cuidadosamente una serie de veces que levantar mucho peso de una vez y dejarlo caer de repente. El trabajo lento te asegura que maximices la efectividad de tus músculos. Asegúrate de medir tu progreso a través de los distintos niveles comprobando hasta qué punto puedes completar cada movimiento.

Tiempo para ti mismo

Antes de empezar, asegúrate de elegir un lugar y establecer un horario regular para tus ejercicios. Algunos prefieren practicar por la mañana, mientras que otros sienten que están más flexibles por la noche. Date siempre el tiempo suficiente para completar el programa adecuadamente.

Establece tu propio paso

Puedes tardar más o menos un mes en perfeccionar cada nivel, aunque las

Combinar prácticas

El simple hecho de haber empezado a practicar el método Pilates no significa que tengas que renunciar a otros deportes o programas de ejercicios. Al contrario, lo mejor para tu programa Pilates es complementarlo con algún tipo de ejercicio cardiovascular. Completa los ejercicios Pilates, que son de poca tensión, practicando aerobic. Descubrirás que los Pilates son ideales para combinar, porque corregirán cualquier problema postural asociado a otros métodos de ejercicios repetitivos. Los Pilates abarcan todas las áreas de trabajo y constituyen un planteamiento plenamente integrado de la puesta en forma: fuerza, flexibilidad, habilidades motoras, coordinación y relajación.

necesidades de cada individuo son diferentes. Haz las cosas al paso que te parezca adecuado. No debes sentir dolores agudos ni repentinos en ningún momento. Si empiezas a temblar o a sudar, estás apresurándote y llevando las cosas demasiado lejos. Como ya he dicho antes, puedes esperar que se revelen tus debilidades.

Página	Movimiento	Énfasis	Nivel 1	Nivel 2	Nivel 3	Nivel 4
Cuadro de Ejercicios Esenciales						
54	LA PLANCHA	Fuerza		o	o	o
56	NADAR	Fuerza	o	o	o	o
58	TIRÓN DE PIERNA	Fuerza				o
60	RODAR ADELANTE	Fuerza		o	o	o
62	RODAR HACIA ATRÁS	Movilidad	o	o	o	o
63	CÍRCULO CON UNA PIERNA	Movilidad	o	o	o	o
64	EL CIENTO	Fuerza	o	o	o	o
66	EL SELLO	Movilidad			o	o
67	EST. DE UNA PIERNA	Fuerza			o	o
68	LA SIERRA	Movilidad			o	o
69	PUENTE DEL HOMBRO, PREP.	Movilidad	o	o	o	o
70	PATADA LATERAL	Fuerza			o	o
71	EST. DE LA COLUMNA	Movilidad	o	o	o	o
72	TORSIÓN DE LA COLUMNA	Movilidad		o	o	o

Para comenzar

Inicialmente, cada programa debería durar aproximadamente una hora. Este periodo de tiempo te permitirá completar los seis primeros movimientos. Siempre debes dividir los movimientos en dos mitades, dedicando tres ejercicios a movilidad y tres a fuerza. En mis clases, a la mayoría de la gente le cuesta más o menos un mes dominar los ejercicios del nivel uno. Trata de completar tu plan de ejercicios tres o cuatro veces semanales. Después de unas semanas, pasa al nivel siguiente, añadiendo cada vez dos ejercicios más de fuerza y de movilidad. Introduce lentamente los movimientos nuevos si sientes que no puedes ampliar tu plan de ejercicios con tanta rapidez. La rapidez de tu progreso en el programa depende de una serie de factores, entre otras cosas de la frecuencia con que practiques cada semana, del tiempo que le dediques y de cuál es tu condición física en el momento de comenzar a practicar. No te desesperes si algunas veces te cuesta más realizar los movimientos de los niveles superiores que otras. Es normal que el cuerpo esté más cansado unos días que otros. Siempre es mejor una pequeña cantidad de ejercicios regulares realizados correctamente que hacer esfuerzos erráticos y excesivos. Joseph Pilates insistía en que debes dedicar al menos diez minutos diarios a los ejercicios, «sin fallar». Si sólo les puedes dedicar diez minutos, es mejor que te concentres en *el ciento* y en *rodar hacia atrás*.

Para progresar más allá

A medida que progresas y pasas a realizar movimientos más intensos, irás dejando algunos de los ejercicios básicos que aprendiste al principio y que has llegado a dominar. Esto se debe a que algunos de los movimientos del principio están integrados en los más avanzados. Por tanto, cuando empieces a hacer *el sello*, dejarás el de *rodar hacia atrás*. Asimismo, cuando empieces a hacer *la sierra* dejarás de hacer la *torsión de la columna*. Como antes, procura hacer seis ejercicios o más durante una hora, compensando siempre los movimientos de fuerza con los de movilidad a medida que vayas progresando. Trata siempre de seleccionar ejercicios variados e insiste en los movimientos que te resulten difíciles. Cuanto mejor hagas los ejercicios Pilates, mayor será el abanico de movimientos que se pondrá a tu disposición.

Si tienes un problema médico conocido, estás embarazada o tienes dolencias crónicas en las articulaciones, debes consultar al médico antes de comenzar cualquier programa de ejercicios. No es recomendable empezar a practicar los

Cuadro de Ejercicios que suponen un nuevo desafío

Página	Movimiento	Énfasis	Nivel 5	Nivel 6	Nivel 7	Nivel 8
54	LA PLANCHA	Fuerza	o	o	o	o
56	NADAR	Fuerza	o	o	o	o
58	TIRÓN DE PIERNA	Fuerza	o	o	o	o
60	RODAR ADELANTE	Fuerza	o	o	o	o
62	RODAR HACIA ATRÁS	Movilidad				
63	CÍRCULO CON UNA PIERNA	Movilidad	o	o	o	o
64	EL CIENTO	Fuerza	o	o	o	o
66	EL SELLO	Movilidad	o			
67	EST. DE UNA PIERNA	Fuerza	o	o		
68	LA SIERRA	Movilidad	o	o	o	o
69	PUENTE DEL HOMBRO, PREP.	Movilidad	o	o		
70	PATADA LATERAL	Fuerza	o	o	o	
71	EST. DE LA COLUMNA	Movilidad	o	o	o	o
72	TORSIÓN DE LA COLUMNA	Movilidad	o	o	o	o
74	EL CANGREJO	Movilidad	o	o	o	o
75	DOBLE EST. PIERNAS	Fuerza			o	o
76	BALAN. PIERNAS ABIERTAS	Movilidad		o	o	o
77	PUENTE SOBRE HOMBROS	Fuerza			o	o
78	GIRO LATERAL	Fuerza	o	o	o	o
80	ARRODILLARSE PATADA LATERAL	Fuerza				o
81	EL PROVOCADOR	Fuerza			o	o
82	LA NAVAJA	Fuerza				o
83	GIRO DE LA CADERA	Fuerza			o	o
84	LAS TIJERAS	Fuerza	o	o	o	o
85	EL BALANCEO	Fuerza				o

ejercicios Pilates después de quedarse embarazada a menos que ya hayas practicado la técnica. También es recomendable una revisión médica si tienes más de 40 años, si tienes exceso de peso o si no has hecho ejercicio físico durante algún tiempo. Si experimentas dolencias en el pecho, en la espalda o en el cuello mientras haces cualquiera de los movimientos, detente inmediatamente. Bebe abundante líquido después de practicar, especialmente en verano. Viste siempre ropa cómoda que no restrinja tus movimientos.

Página	Movimiento	Énfasis	Nivel 9	Nivel 10	Nivel 11	Nivel 12
54	LA PLANCHA	Fuerza	o	o	o	o
56	NADAR	Fuerza	o	o	o	o
58	TIRÓN DE PIERNA	Fuerza	o	o	o	o
60	RODAR HACIA ATRÁS	Fuerza				
62	RODAR DE ESPALDA	Movilidad				
63	CÍRCULO CON UNA PIERNA	Movilidad	o	o	o	o
64	EL CIENTO	Fuerza	o	o	o	o
66	EL SELLO	Movilidad				
67	EST. DE UNA PIERNA	Fuerza				
68	LA SIERRA	Movilidad	o	o	o	o
69	PUENTE DEL HOMBRO, PREP.	Movilidad				
70	PATADA LATERAL	Fuerza				
71	EST. DE LA COLUMNA	Movilidad	o	o	o	o
72	TORSIÓN DE LA COLUMNA	Movilidad				
74	EL CANGREJO	Movilidad				
75	DOBLE EST. PIERNAS	Fuerza	o	o	o	o
76	BALANCEO CON PIERNAS ABIERTAS	Movilidad	o	o	o	o
77	PUENTE SOBRE HOMBROS	Fuerza	o	o	o	o
78	GIRO LATERAL	Fuerza	o	o	o	o
80	ARROD. CON PATADA LATERAL	Fuerza	o	o	o	o
81	EL PROVOCADOR	Fuerza	o	o	o	o
82	LA NAVAJA	Fuerza	o	o	o	o
83	GIRO DE CADERA	Fuerza	o	o	o	o
84	LAS TIJERAS	Fuerza	o	o	o	o
85	EL BALANCEO	Fuerza	o	o	o	o
86	EL BUMERÁN	Movilidad	o	o	o	o
87	ESTIRAR EL CUELLO	Fuerza	o	o	o	o
88	CONTROL DEL EQUILIBRIO	Fuerza				o
89	TIRÓN DE PIERNA SUPINO	Fuerza		o	o	o
90	EL SACACORCHOS	Fuerza			o	o
91	GIRO COMPLETO	Fuerza	o	o	o	o

evitar el dolor

Los Pilates nos llevan a poner a prueba lo bien que funcionan nuestros cuerpos. Incluso la persona más sana puede tener dolores que indican tensiones o distensiones corporales. Las consecuencias de ignorar las necesidades de sus cuerpos son muy aparentes para algunos. Los Pilates pueden ayudar a fortalecer el cuerpo para impedir lesiones, y nos ayudan a mantenernos sanos porque desarrollamos una buena postura.

La mayoría experimentamos dolorosas punzadas en el cuerpo de vez en cuando. Son pequeñas señales de aviso de que se aproximan cambios. Si no escuchamos a nuestros cuerpos, las señales que nos dan se volverán más insistentes. Incluso las personas que están en plena forma, los atletas más destacados, pueden sufrir problemas médicos como resultado de un trabajo corporal poco armonioso. Esto es particularmente cierto para jugadores de golf y de tenis que utilizan un lado de su cuerpo mucho más que el otro.

Equilibrio muscular

Las tensiones musculares a menudo quedan ocultas por grupos de músculos más anchos que se desarrollan para proteger a los más débiles. Ésta es la forma que tiene el cuerpo de afrontar el problema, pero sólo sirve a corto plazo. Los ejercicios Pilates revelarán la fuente del problema y la tratarán directamente. No hay atajos para resolver una mala postura o un dolor de espalda. Las prendas de apoyo, como los corsés, simplemente hacen el trabajo que los músculos deberían hacer

por ellos mismos. Tenemos que entrenar nuestros cuerpos, dejar de recurrir a hábitos torpes y aprender nuevos métodos de tratamiento.

Dolor y ganancia

Al principio, los cambios introducidos por los ejercicios resultan incómodos, pero es importante distinguir entre el nivel normal de incomodidad y la incomodidad causada por la herida o el problema mismo. Siempre surge cierto nivel de malestar durante el entrenamiento, especialmente cuando tratas de usar músculos que no has usado durante algún tiempo. Cuando se realizan los estiramientos, lo mejor es pensar en la incomodidad en una escala de uno a diez. Los estiramientos más suaves deben incluirse en una escala de uno a cuatro. A partir de cinco, el desafío cada vez será mayor. Un estiramiento largo puede producir cierto dolor. Ten cuidado de no forzar demasiado en la parte alta de la escala. Si sientes algún dolor repentino o agudo, debes dejar de practicar inmediatamente, ya que esos extremos no deben experimentarse. Sólo las personas

que están más sintonizadas con sus cuerpos, como los bailarines y deportistas, trabajan en la parte superior de la escala para llevar su rendimiento al máximo. Los ejercicios Pilates requieren que definas el nivel de incomodidad que puedes tolerar. Comienza por el extremo inferior de la escala, independientemente de tu nivel general de forma. Quiero destacar una vez más que los ejercicios de estiramiento deben hacerse gradualmente, ya que siempre es mejor ir progresando poco a poco. Es la única forma de conseguir un equilibrio entre desafío y realización. Nunca hagas ejercicios si sientes dolores crónicos o si tienes los músculos inflamados. Recuerda siempre que has de buscar ayuda médica para los problemas de espalda, ya que pueden deberse a diferentes razones. Nunca recurras al auto-diagnóstico.

La totalidad de tu vida

No sirve de nada dedicar unas horas a la semana a hacer ejercicios Pilates si pasas el resto del tiempo reclinado sobre un escritorio o repantingado frente al televisor.

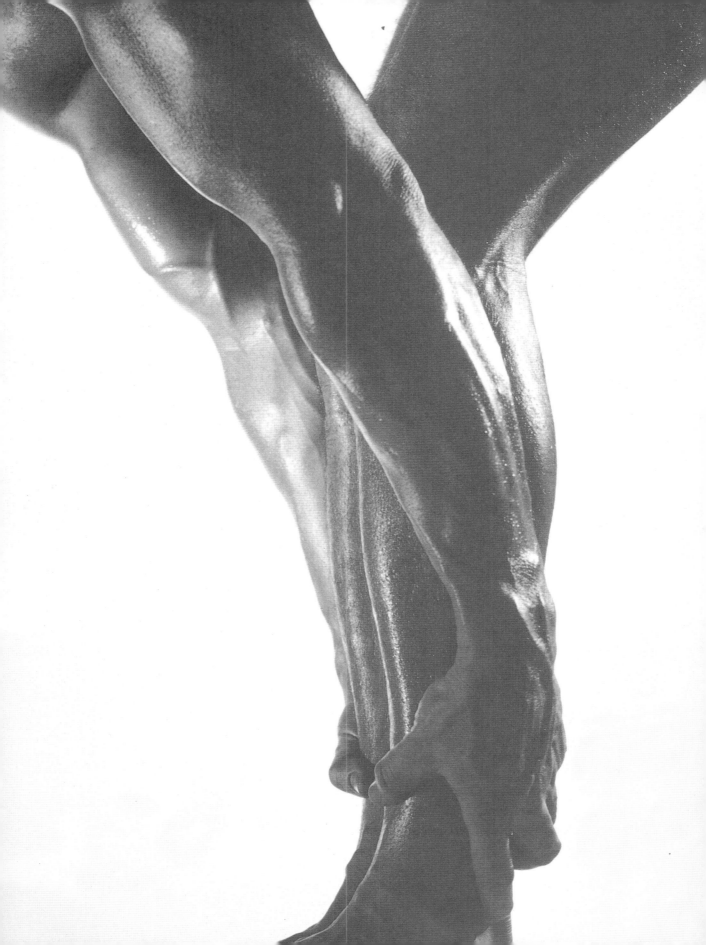

Los Pilates deben hacerte pensar en la totalidad de tu vida y examinar tus hábitos cotidianos. Algunas de las sugerencias que se plantean aquí completarán tu programa Pilates y asegurarán que la filosofía de equilibrio y control que está detrás de los Pilates se extienda al resto de tu vida.

Postura correcta

Nuestros hábitos posturales se desarrollan desde el momento en que aprendemos a andar. Nuestra forma de vivir la vida afecta a nuestra postura, lo que significa que muy a menudo adoptamos malas posturas. Para rectificarlas, los movimientos Pilates nos devuelven al suelo. Así reducimos la fuerza de la gravedad para poder ir desarrollando nuestra fuerza. Corregir las malas posturas requiere tiempo y paciencia, pero si lo conseguimos, las recompensas son múltiples. Nuestra postura puede tener un efecto directo sobre la salud. Incluso pequeñas tensiones o distensiones pueden ir acumulándose a lo largo de los años para causar daños serios y permanentes. Tu espalda siempre te reflejará lo que le hagas.

Dolor de espalda

En el mundo industrial, el problema de salud más común entre las personas de menos de 65 años es el dolor de espalda. Se ha estimado que nuestros cuerpos no están diseñados para permanecer estáticos durante más de veinte minutos en cualquier momento dado; sin embargo, nuestro estilo de vida moderno a menudo requiere que permanezcamos sentados largos periodos, especialmente en el trabajo. Una de las cosas que Joseph Pilates percibió en los animales, especialmente en los gatos, es que estiran constantemente los miembros y músculos. Creía que ésta es una de las razones por las que son tan flexibles, ágiles y de porte tan sereno. Asimismo, los humanos tenemos que mantenernos en movimiento y estirarnos.

Desarrollar la columna

Los niños nacen con la columna en forma de coma, con una única curva. Pero a medida que crecemos y maduramos, nuestra espalda va adoptando una forma de S, con una curva en el cuello y otra en la parte inferior de la espalda. Procura mantener estas curvas a lo largo del día, incluso cuando estás sentado. Revisa cómo tus actividades cotidianas pueden llevarte a una mala postura. Si te inclinas hacia delante, tu espalda puede adoptar una forma de C. Puedes tomar precauciones adoptando mejores hábitos posturales.

En la oficina

Las modernas condiciones de trabajo sedentarias implican que el trabajador medio puede pasar entre 25 y 40 horas semanales sentado en una silla. Añade a esto el tiempo que pasamos sentados comiendo, conduciendo o frente al televisor y podrás ver lo vital que es una buena postura en nuestra vida cotidiana. Una silla de trabajo cómoda no puede compensar en sí misma una mala postura. Es importante que trates de sentarte todo lo erecto que sea posible durante todo el tiempo que puedas. Debes mantener siempre los pies planos sobre el suelo y evitar sentarte con las piernas cruzadas durante mucho tiempo. Si trabajas frente a un ordenador, lo mejor es mirar a la pantalla ligeramente hacia abajo. Mantén los antebrazos en posición horizontal. Asegúrate de que el respaldo de tu silla mantenga tu curva lumbar; un pequeño cojín puede ayudarte a mantener en su sitio la parte inferior de la espalda. Sin embargo, esto no significa que debas estar sentado todo el tiempo como un soldadito de plomo. Asegúrate de levantarte del escritorio con toda la frecuencia que desees. Trata de no pasar más de veinte minutos trabajando en la misma posición. Camina por la habitación para estirar la columna y mejorar la

circulación. Procura organizarte el día de modo que incluya una serie de descansos naturales.

En el hogar

Mientras estamos en casa podemos practicar actividades que produzcan dolor de espalda porque nos hacen adoptar una mala postura. Todas las superficies de trabajo deberían estar a la altura adecuada. Los fregaderos, por ejemplo, a menudo están demasiado bajos. Esto significa tener que inclinarnos incómodamente sobre ellos, produciéndonos tensión en la parte baja de la espalda. Si el tuyo es así, trata de elevarlo para no tener que estar encorvado. Si hay un armario debajo del fregadero, descansa un pie en el estante inferior. Ve cambiando el pie que apoyas en el estante para mantener el equilibrio natural de tu espalda.

Apoltronado

Cuando estés viendo la televisión, procura levantarte del sofá para hacer un estiramiento cada media hora. ¡Deja de lado el mando a distancia y ponte de pie! Muchos sofás son demasiado bajos para el adulto medio. Deberías ser capaz de sentarte con la espalda apoyada en el respaldo y los pies en el suelo. Si el asiento se hunde demasiado, pon cojines en el espacio que queda detrás de tu curva lumbar.

Estar tumbado

La cama que uses puede afectar enormemente la salud de tu espalda. Las de mala calidad pueden producir dolor de espalda. Una buena cama debe mantener la espalda nivelada. La forma natural de tu columna, en S, debe mantenerse mientras estés tumbado de espaldas. Sin embargo, el colchón también debe moldearse a los contornos de tu cuerpo, sin ser demasiado duro ni demasiado blando. Puedes probar su grado de dureza intentando meter la mano debajo de la curva de tu espalda, que debería encajar cómodamente entre la cama y la espalda, sin quedarse demasiado apretada ni tener demasiado espacio. Los fabricantes de colchones usan el término «ortopédico» para vender sus productos, aunque puede llevar a engaño. Lo mejor es elegir un colchón cómodo que sea el adecuado para ti; evita que sea demasiado duro.

Conducir

Cuando vamos conduciendo nos vemos confinados a un espacio reducido, a menudo durante muchas horas seguidas. La mayoría de la gente experimenta dolores de espalda después de un largo viaje en coche. Hay ciertas cosas que puedes hacer para evitarlo. Asegúrate de que tu postura mientras conduces sea lo más cómoda posible y de que puedes acceder fácilmente a todos los mandos. No te encorves sobre el volante ni te quedes repantingado en el asiento; mantén una posición erecta. Asegúrate de tener los espejos correctamente ajustados para no tener que esforzarte. Es mejor no agarrar el volante con demasiada fuerza, ya que eso tensa los músculos y produce estrés. Otra cosa que puedes hacer es tratar de meter un poco los músculos del estómago y espirar; también puedes levantar los hombros hacia las orejas y después llevarlos atrás presionando contra el respaldo del asiento.

Ejercicios de espalda

TRABAJAR EL NÚCLEO

Todos estos ejercicios Pilates fortalecerán el núcleo central de tu cuerpo, afirmando los músculos que sostienen la columna.

El ciento (p. 64)

Rodar adelante (p. 62)

Nadar (p. 56)

El estiramiento de una pierna (p. 67)

El sello (p. 66)

Doble estiramiento de las piernas (p. 75)

La torsión de columna (p. 72)

EJERCICIOS PARA LA OFICINA

- Mete la barbilla, gira la cabeza lentamente hacia un lado, sin dar tirones, antes de girarla hacia el otro lado. Repítelo de 3 a 4 veces.
- Eleva los hombros hacia las orejas; después empújalos hacia atrás y relájate. Repítelo 2 o 3 veces.
- Aprieta los músculos abdominales mientras espiras todo el aire, contando hasta cinco antes de soltar.
- Cuando te tomes un descanso de estar sentado, quédate de pie con los pies separados y pon las manos en la parte baja de la espalda. Manteniendo las rodillas rectas, empuja las caderas hacia delante y los hombros hacia atrás. Esto liberará la tensión de la columna.

Evitar el dolor de espalda

MEDIDAS PREVENTIVAS

- Trata de mantener en su lugar a lo largo del día las curvas normales en forma de S que hace tu columna.
- Trata de no encorvar los hombros y de no dejarte caer hacia delante haciendo que la columna adquiera una forma de C, que es muy poco saludable.
- Tómate descansos frecuentes para moverte todo lo que puedas. Procura no permanecer en la misma postura durante más de 30 minutos.
- Trata de meter los abdominales todo lo que puedas, especialmente cuando tengas que levantar un peso.
- Para levantar grandes pesos, dobla las rodillas y mantén la espalda recta; nunca te inclines hacia delante. Cuando levantes objetos trata de mantenerlos cerca de tu cuerpo.

PARA REDUCIR EL DOLOR

- Trata de seguir con tus actividades normales. Unos ejercicios suaves fortalecerán los músculos de tu espalda y mejorarán tu flexibilidad. Evita el ejercicio intenso, como el aerobic.
- Evita levantar grandes pesos. Haz varios viajes a la tienda en lugar de llevar todo el peso de la compra de una vez.
- Cuando estés sentado debes mantener los pies apoyados en el suelo. No cruces las piernas.
- Si después de unos días el dolor persiste, visita a un terapeuta cualificado, que puede ser osteópata, quiropráctico o fisioterapeuta.

elementos vitales

concentración

En muchas clases de ejercicios y de técnicas no tienes que pensar en lo que haces; basta con que lo hagas hasta finalizar. Sin embargo, en los Pilates, cada momento es un acto consciente controlado por el poder de la mente.

«Mantén siempre la mente plenamente concentrada en el propósito de los ejercicios mientras los realizas». Joseph Pilates

Pilates es «un modo pensante de moverse» y requiere una concentración diferente a la empleada en otro tipo de ejercicios. Puede que la concentración no sea tan importante en una clase de aerobic o caminando en la cinta sin fin, pero es absolutamente esencial en los Pilates.

Preparar el estado anímico

Hay cosas muy simples que puedes hacer para mejorar tu concentración. Comprueba que el espacio que vayas a usar para los Pilates esté libre de distracciones y que sea cálido y cómodo. Asegúrate de que nada te moleste. Aunque los Pilates no son una práctica espiritual, descubrirás que son muy relajantes porque, cuando nos concentramos mucho en un movimiento, todos los demás aconteceres de la vida desaparecen. Si quieres usar música de fondo, asegúrate de que tenga un ritmo marcado. ¡No cometas el mismo error que yo: usar una cinta de sonidos naturales, con gritos de loros y sonidos de ballenas apareándose!

Una mente clara

Pronto descubrirás que los beneficios derivados de la práctica de la concentración bien merecen el esfuerzo: más enfoque mental, claridad de pensamiento y, lo más importante, reducción de la tensión. En nuestras ajetreadas vidas modernas, las distracciones visuales y auditivas a menudo nos impiden concentrarnos en la tarea que tenemos entre manos. La tensión también puede hacer que te resulte difícil

concentrarte (como cuando tienes «demasiadas cosas en la cabeza»), pero persevera, porque la concentración mental es un arte que mejorará con la práctica. Gobernar tus poderes de concentración te ayudará a sentirte más calmado y a controlar las situaciones.

Nuestra voz interior

Controlar nuestros pensamientos, del mismo modo que controlar nuestras acciones, no es tan fácil como puede parecer en un principio. Cuando estamos bajo presión, nuestros pensamientos pueden volverse muy erráticos y dispersarse aleatoriamente en todas las direcciones. Si estamos tensos, irnos a dormir puede resultar particularmente difícil porque no podremos «desconectar». A pesar de nuestros esfuerzos, en nuestra mente siguen surgiendo pensamientos no deseados. La concentración es una capacidad que adquirimos de niños. Cuando llegamos a la edad adulta, todos tenemos una «vocecita interior» que controla nuestras acciones,

como cuando nos decimos que nos gusta un ejercicio concreto.

Los primeros intentos de realizar movimientos poco familiares pueden parecernos extraños y resultar torpes. Es muy fácil caer en la trampa de practicar únicamente los movimientos que nos gustan, cuando los que más necesitamos son los que menos nos agradan. Normalmente hacemos más rápidamente la parte difícil del movimiento para acabar cuanto antes. Sin embargo, lo que tenemos que hacer es ralentizarlo. Sólo concentrándonos intensamente en lo que hacemos podremos controlar nuestras acciones de manera adecuada.

respirar

Los ejercicios Pilates emplean una forma de respirar controlada y continua que resulta difícil perfeccionar, pero producen un cuerpo más fuerte y energéticamente eficiente.

«Respirar es el primer acto de la vida. Nosotros mismos dependemos de ello. Millones de personas han aprendido a perfeccionar el arte de la respiración correcta». Joseph Pilates

Se requiere tiempo para llegar a dominar la respiración correcta. De todos los elementos vitales, a mis estudiantes es el que más les cuesta integrar, el que encajan en último lugar. Lo primero que hay que recordar es que debes respirar con tanta frecuencia como te sobrevenga de manera natural. Si encuentras que un movimiento es demasiado lento para una única respiración y necesitas tomar otra, tómala. Muchos instructores de Pilates te piden que aprendas la técnica respiratoria antes de pasar a los movimientos. Aunque mi objetivo es el mismo, mi planteamiento es diferente. Creo que puedes aprender a respirar correctamente al tiempo que aprendes cada uno de los movimientos.

Lo que no hay que hacer
Hagas lo que hagas, no contengas la respiración. La mayoría de la gente lo hace cuando levanta cosas muy pesadas, como los levantadores de peso cuando practican con pesas. Este tipo de respiración se conoce con el nombre de *método Valsálvico* y produce un fuerte incremento de la presión sanguínea. De este modo se

desperdicia energía, dirigiéndola a partes del cuerpo donde no se requiere. Mantén una respiración continua.

Respiración normal
Cuando inspiras normalmente, los pulmones se expanden, el diafragma desciende y el estómago se expande hacia fuera. Cuando espiras, el diafragma se eleva y el estómago entra. Esta respiración recibe el nombre de «abdominal» y es muy natural.

La respiración Pilates
En los ejercicios Pilates tienes que aprender una nueva técnica respiratoria. Para fortalecer los abdominales hay que contraerlos. Esto significa que no es posible practicar la respiración abdominal; en su lugar emplearemos la respiración torácica (véase más abajo). Imagina que llevas un cinturón invisible que empuja tu ombligo hacia la columna. Mete el estómago y respira con las costillas.

Respiración torácica

Prueba el siguiente ejercicio respiratorio: Siéntate cómodamente en una silla, o en el suelo con las piernas cruzadas. Pon las manos detrás de la espalda, con las palmas hacia fuera y los dedos en contacto con la caja torácica. Manteniendo los abdominales contraídos, inspira y siente que la caja torácica se expande sobre las manos. Inspira contando hasta dos y espira contando hasta dos; repítelo varias veces. Ahora respira con más lentitud, contando hasta cuatro en cada inspiración y en cada espiración. Repite esta respiración prolongada varios ciclos. Finalmente, trata de inspirar contando hasta ocho, espirando

en el mismo tiempo. Trata de mantener los abdominales contraídos mientras respiras e inspira hacia la caja torácica más que hacia el estómago, de modo que las costillas se expandan hacia fuera.
También puedes probar esta otra posibilidad: pon la mano derecha con la palma hacia abajo en la parte frontal inferior de la caja torácica. Respira hacia esa mano contando hasta ocho y sintiendo cómo se expande el pecho. Espira contando hasta ocho. Repite el ciclo varias veces y después cambia de mano, repitiendo el ejercicio en el otro lado de tu caja torácica. Vuelve a estos ejercicios cuando lo necesites.

centramiento

El centro de tu cuerpo es el centro de tu poder. Tu cuerpo debe funcionar de manera unificada, no como partes separadas, y todos los movimientos deben surgir del centro.

«Los ejercicios Pilates desarrollan el cuerpo uniformemente, corrigen posturas equivocadas, restauran la vitalidad física, dan vigor a la mente y elevan el espíritu». Joseph Pilates

Joseph Pilates creía que nuestros músculos abdominales, ahora conocidos como *abs*, son la «fuente de energía» para todo el cuerpo. Los abdominales son nuestro centro y el punto de partida de todos nuestros movimientos. Para tener un centro fuerte necesitamos un equilibrio de fuerzas entre los abdominales y la espalda.

Puntos esenciales con relación al centro
Cuando hacemos el ejercicio de incorporarnos a la posición sentada estando tumbados, lo habitual es que primero tratemos de mover los miembros y después metamos los músculos abdominales. A medida que nos erguimos, «aplastamos» los músculos estomacales. En realidad, lo que debemos hacer es empezar por contraer los músculos y después mover los miembros. En definitiva, debemos empezar todos los movimientos contrayendo los abdominales. Sea cual sea el movimiento, levantar un brazo o una pierna, empieza en nuestro centro. Piensa en una marioneta. Cuando tiras del hilo, el brazo sube. Tus abdominales son ese «hilo». La fuerza fluye hacia fuera a lo largo de los miembros desde este pivote central. Tener unos abdominales fuertes es la clave para que tu cuerpo funcione como una unidad y te ayudará a fortalecer los demás grupos musculares.

Una buena base
Comienza el calentamiento con el ejercicio «alcanzar el equilibrio» (abajo). También puedes hacer prácticas de equilibrio la próxima vez que esperes en la cola del supermercado. Los pies soportan más eficazmente el peso del cuerpo cuando están en línea recta con las caderas, de modo que puedes distribuir el peso entre la parte delantera, el borde lateral y el centro del talón. Las mujeres que están acostumbradas a llevar tacón alto tienden a apoyarse hacia atrás para compensar la inclinación de los zapatos. En el caso ideal no debemos empujar demasiado hacia delante con los talones ni hacia atrás con los dedos.

Alcanzar el equilibrio

Manténte de pie con los pies separados a la distancia aproximada de los hombros. Eleva los dedos de los pies todo lo que puedas. Imagina un triángulo formado entre el dedo gordo del pie, el dedo pequeño y el talón. Sitúa este triángulo imaginario equilibradamente sobre el suelo, dejando que los dedos del pie caigan y se extiendan. Abre los hombros, estira la columna e imagina que un hilo atado a lo alto de tu cabeza tira de ti hacia el techo.

Mete los abdominales y espira mientras te apoyas en la parte delantera de los pies, estirándote hacia arriba todo lo que puedas. A continuación, poco a poco, vuelve a apoyarte sobre los talones. Asegúrate de mantener los dedos de los pies relajados y de no contraerlos. Cuando toques el suelo con los talones, mantén el peso del cuerpo en esa posición. Ahora tu cuerpo está centrado. Puede que te dé la sensación de estar inclinado hacia delante. Esto se debe a que estamos muy acostumbrados a apoyar el peso en los talones. Si pudieras mirarte lateralmente en un espejo, deberías poder dibujar una línea recta vertical que va desde los hombros, pasando por las caderas, hasta llegar al centro de los pies. Para estar en esta postura tienes que mantener los abdominales contraídos, lo que hace que el cuerpo trabaje más.

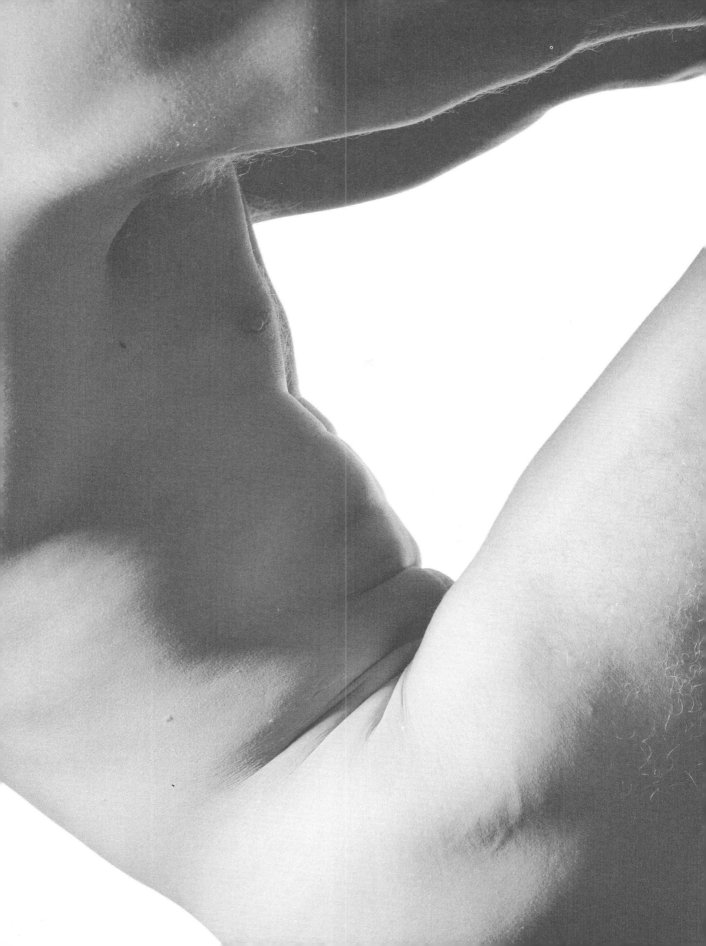

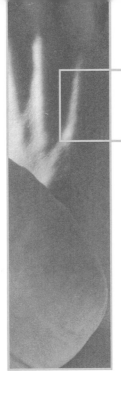

control

Nuestro primer aprendizaje del control tiene lugar cuando, siendo niños, damos nuestros primeros pasos vacilantes. Lejos de constreñirnos, un buen control libera nuestro potencial, enseñándonos a hacernos cargo de nuestros cuerpos y a plasmar nuestras capacidades físicas.

«La buena postura sólo puede adquirirse cuando todo el mecanismo corporal está bajo un control perfecto». Joseph Pilates

Imagina a un niño caminando por primera vez, dando sus primeros pasos vacilantes con los brazos extendidos hacia delante. A esta temprana edad, al aprender a caminar, estamos entrenando nuestros cuerpos para resistir el tirón de la gravedad. Comenzamos a desarrollar nuestra fuerza y control y, a medida que nos fortalecemos, caminamos con más pericia. Con el tiempo vamos desarrollando hábitos posturales que a menudo no son lo que deberían. A través de los Pilates, podemos volver un paso atrás y reaprender el arte del control.

Ve despacio

Todos los movimientos Pilates son lentos y controlados. Deben realizarse a velocidad constante de principio a fin. No deben producirse tirones ni acciones frenéticas, ya que esto haría que nuestro cuerpo corriese el riesgo de lesionarse. Los movimientos lentos son mucho más difíciles de controlar y, por lo tanto, son más exigentes y en último término más eficaces. Practicando el método Pilates te darás cuenta de lo poco que habías pensado previamente en los movimientos que realizas.

Visualización perfecta

Imagina a un hombre haciendo un ejercicio de bíceps. Cuando levanta las pesas sus músculos se tensan; a continuación simplemente relaja el brazo y lo deja caer. Si este movimiento de caída no es controlado, sólo se consigue un beneficio parcial del ejercicio, arriesgándose también a sufrir una lesión. En los Pilates, el control debe ejercerse en cada punto del movimiento. Ahora visualiza a una gimnasta de pie sobre la barra de equilibrio. Da una vuelta hacia delante y vuelve a quedarse de pie. Su control y precisión impiden que se caiga, ayudándole a mantener una velocidad constante a lo largo del movimiento. Visualizar las imágenes puede ayudarte a adquirir control y a sacar el máximo partido de la práctica. Emplea esa imagen y esfuérzate por conseguir la misma calidad de movimiento en tus Pilates. Intenta el ejercicio «resísteme» (abajo) para comprobar lo eficaz que puede ser la visualización.

Resísteme

Encuentra un compañero. Ponte de pie sosteniendo una toalla en la mano derecha. Haz que tu acompañante se siente a tus pies y sostenga el otro extremo de la toalla con ambas manos. Cierra el puño y tira de la toalla hacia tu hombro, ejercitando el bíceps. Permite que tu compañero ofrezca resistencia, de modo que la tensión sea la misma mientras subes y bajas el brazo. Imagina una escala de resistencia de uno a diez. Uno es cuando tu compañero no ejerce ninguna fuerza sobre la toalla. Diez es cuando tu compañero tira con tanta fuerza que te resulta imposible moverte. Trata de conseguir un nivel de resistencia de cinco en ambas direcciones. Espira al doblar el brazo hacia arriba e inspira al extender el músculo. Repítelo diez veces y después cambia de brazo. A continuación, deja caer la toalla, pero imagina que sigues sosteniéndola; repite el ejercicio de bíceps. ¿Sientes la resistencia que soportabas cuando sostenías la toalla? Esta técnica de visualización te ayudará a controlar tus acciones.

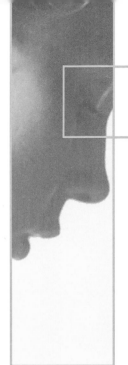

precisión

Cada persona tiene su geometría natural. Los ejercicios Pilates pueden ayudarnos a movernos con más precisión y a descubrir por nosotros mismos las dimensiones de la gracia natural.

«Conseguir los beneficios de los Pilates depende totalmente de que los realices siguiendo las instrucciones con la máxima precisión».

Joseph Pilates

ELEMENTOS VITALES

Todos los movimientos Pilates son exactos, e implican acciones precisas y una respiración específica. Cuando pienses en precisión de movimientos, imagina a los nadadores sincronizados o las coreografías perfectas que realizan los bailarines. Recuerda que Joseph Pilates fue boxeador y acróbata de circo. Esto le hizo valorar la precisión y le dio una conciencia aguda del espacio y del tiempo.

Atrapar el momento

El ejemplo de precisión más impresionante que he observado en mi vida fue un número del *Cirque du Soleil* llamado «O», en Las Vegas. Esta pieza combina la precisión acrobática de los artistas con una avanzada tecnología escénica. Durante la actuación, la precisión era vital por el efecto visual, pero también por la seguridad de los artistas. Mientras observaba este increíble espectáculo, y para alegría mía, vi que entre los artistas figuraban dos instructores de ejercicios Pilates con dedicación exclusiva. Este nivel de actividad física requiere una concentración extrema que queda lejos de nuestras posibilidades, pero todos podemos practicar cierto grado de precisión por medio de los Pilates.

Gesto perfecto

Piensa en la figura del hombre con los brazos estirados de Leonardo da Vinci. El artista dibujó un círculo alrededor de esa figura, que tiene los miembros plenamente extendidos. Estas líneas geométricas nos permiten visualizar el espacio que nos rodea.

Generalmente no somos conscientes del espacio que ocupamos y de cómo se suceden nuestros movimientos dentro de él. Como los Pilates exigen que además de moverte correctamente, respires correctamente, te harás más consciente de cómo creas tu espacio personal a través de la concentración y la precisión. La precisión nos permite realizar movimientos gráciles. Imagina el brazo de una bailarina de ballet arqueándose como la punta de un compás; todos somos capaces de señalar puntos del espacio de ese mismo modo.

En el punto

Mi versión del popular juego *Clava el alfiler en la cola del burro* no requiere ni de un burro ni de un alfiler. Ponte de pie, sitúate delante de una puerta y localiza un punto de ella. Estira lentamente el brazo derecho y tócalo. A continuación retrae el brazo derecho y estira el izquierdo hasta tocar el mismo punto. Repite estos movimientos durante 30 segundos, alternando entre ambos brazos. No te detengas y asegúrate de no cerrar los codos.

Ahora da un giro de noventa grados e imagina el mismo punto en el espacio que tienes delante de ti. Concéntrate en ese punto; tócalo una vez más con el brazo derecho y alterna después con el izquierdo, pero sin la ayuda de la visualización. Continúa durante al menos 30 segundos, dirigiéndote siempre al mismo punto del espacio. Acabas de practicar la precisión.

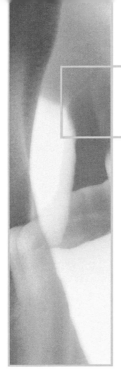

movimiento

Piensa en movimientos lentos, continuos y controlados. Imagina una rueda girando lentamente, que nunca se acelerara ni se ralentizara, y que nunca se detuviera.

«Diseñados para darte flexibilidad, gracia y habilidad que se reflejará invariablemente en tu manera de andar, en tu manera de jugar y en tu manera de trabajar». Joseph Pilates

Cuando explico a los estudiantes los nuevos movimientos que requieren los ejercicios Pilates, siempre los comparo con el tai chi: son lentos, gráciles y controlados. Lo mismo que en él, todos los movimientos Pilates son continuos. No tienen principio ni fin. No hay nada afilado, esforzado ni tenso.

Sin sudar

En muchas técnicas corporales se pone el énfasis en la repetición, y uno de detiene después de realizar cada ejercicio. Los movimientos Pilates son diferentes en el sentido de que no te detienes hasta haber completado el número de repeticiones requerido. Cada movimiento es un ciclo largo y continuo, ya que así se requiere más habilidad y control. Si necesitas convencerte de que los movimientos lentos y controlados son más difíciles de realizar, prueba el ejercicio «Cuanto más lento es más difícil» descrito más adelante. No es necesario que acabes sudando o que hagas los ejercicios deprisa para que sean eficaces.

Todo el abanico

Esta clase de movimiento puede aplicarse con gran éxito a otros ejercicios: trata de hacer uso de las máquinas de resistencia o de pesos libres con movimientos lentos, continuos y equilibrados. Podrás sentir la diferencia y comprobarás que los ejercicios son más eficaces (puede que tengas que utilizar un peso más ligero). También es vital asegurarte de que estás utilizando toda la gama de movimientos. Comprueba que estás trabajando con la misma dificultad, con la misma intensidad y resistencia a lo largo del ciclo. Se debe emplear el mismo esfuerzo en extender un músculo (movimiento excéntrico) que en contraerlo (movimiento concéntrico). Trabajando así, empezarás a desarrollar fuerza y flexibilidad en igual medida, dando a tus músculos (y a tu cuerpo) un aspecto esbelto y alargado.

Cuanto más lento es más difícil

Empieza haciendo cinco flexiones desde la posición tumbada, bien con las piernas totalmente estiradas en la posición de flexión completa o con las rodillas en el suelo (posición tres cuartos). Haz estas cinco primeras flexiones a tu paso normal. A continuación haz otras cinco, pero cuenta hasta dos lentamente cuando subes y también cuando bajas. Inspira al descender y espira al ascender. Descansa. Ahora repítelo contando hasta cuatro en cada dirección. Descansa. Finalmente, realiza otras cinco flexiones contando hasta seis en cada dirección y sin detenerte arriba ni abajo, haciendo de las cinco flexiones un movimiento largo, continuo y mantenido. Ha sido más difícil de lo que creías, ¿cierto? En esta última ocasión has trabajado con la misma intensidad que deberías emplear en los ejercicios Pilates. Se trata de conseguir calidad y amplitud de movimiento, realizando la contracción de los músculos (el movimiento hacia abajo en este caso) y la flexión (el movimiento hacia arriba) con el mismo esfuerzo.

aislamiento

La técnica Pilates es una excelente manera de educarte y de comprender cómo funciona tu cuerpo, por partes y como totalidad, a través del movimiento. La Armonía viene de la integración de las partes aisladas.

«Cada músculo puede, cooperativa y lealmente, ayudar al desarrollo uniforme de todos los demás». Joseph Pilates

ELEMENTOS VITALES

Durante muchos años, los profesores de ejercicios han hablado de aislar distintos músculos. Sin embargo, sólo podemos verlos aisladamente en teoría; en la práctica, todos los músculos trabajan en grupos. Una vez más, en las clases, a veces hablamos de reducir «puntualmente» ciertas áreas para conseguir la apariencia deseada. Pero al actuar así desarrollamos un músculo a expensas de otro, con lo que el equilibrio del cuerpo se tira por la borda. Este planteamiento «desequilibrado» no concuerda con la lógica del método Pilates.

Equilibrio muscular

Cuando hablamos de aislar músculos en los ejercicios Pilates, sólo queremos asegurarnos de que somos capaces de identificar todos los músculos, especialmente los más débiles. Los ejercicios Pilates nos garantizan que desarrollaremos áreas descuidadas del cuerpo que trabajan en conjunto y se contraponen a otros músculos más fuertes. Por ejemplo, si eres jugador de golf, sabes que cuando lo practicas únicamente te balanceas en una dirección. Con el tiempo,

tu cuerpo estará excesivamente entrenado en moverse en esa dirección. Y, si bien es cierto que no todos jugamos a golf, todos tenemos desequilibrios musculares. Es habitual descubrir estas zonas sobre o subentrenadas practicando los ejercicios Pilates.

Vínculos débiles

Procura tomar conciencia de cualquier desequilibrio en la fuerza o en la flexibilidad muscular a medida que realizas los movimientos y trabajas con el más débil de los dos conjuntos de músculos para recuperar el equilibrio. De otro modo, ganarás fuerza pero seguirás estando desequilibrado. Prueba el ejercicio «toca y visualiza» para comprender mejor cómo funcionan los músculos. Aprende a localizar dónde se sitúa cualquier músculo, por ejemplo el tríceps, sin llegar a tocarlo. Las técnicas de visualización te ayudarán a conectar mentalmente con él. Con el tiempo serás capaz de sentir e identificar los diversos músculos que trabajan en conjunto mientras realizas los movimientos.

Toca y visualiza

Siéntate en una silla con una pesa, bolsa de azúcar o botella de agua para usarlas como peso. Sentado en posición erecta, mantén el peso en la mano derecha encima de tu cabeza, manteniendo el brazo estirado hacia el techo. Lleva la mano izquierda a tocar la parte posterior de la porción superior de tu brazo derecho con las puntas de los dedos, manteniendo el codo derecho cerca de la cabeza. Baja el peso ligeramente por detrás de tu cabeza y vuelve a subirlo de nuevo hacia el techo. Podrás sentir el tríceps contraerse y extenderse en la parte posterior del brazo derecho con los dedos de tu mano izquierda. Repítelo de 10 a 20 veces. Ahora cambia el peso a la otra mano y repite el ejercicio.
Finalmente, repite el movimiento sin el peso y sin tocar el tríceps. Trata de visualizar el trabajo del músculo a partir de lo que has experimentado.

rutina

Los Pilates no son ejercicios «en lugar de», sino «además de»; no reemplazan tu programa habitual de preparación física, sino que lo complementan y potencian, mejorando la coordinación muscular. ¡Pero tienes que practicar!

«Decide practicar los movimientos Pilates durante 10 minutos sin fallar ni un solo día». Joseph Pilates

Mantener una disciplina te ayudará a sacar lo mejor de los Pilates. Estos ejercicios no te prometen soluciones rápidas, pero consiguen verdaderos resultados ofreciendo una lenta y delicada mejora de tus hábitos cotidianos.

Hacer tiempo

A menudo se oye decir a la gente: «No tengo tiempo para hacer ejercicio». He descubierto que la mejor manera de ayudar a mis clientes a mantener la continuidad es decirles que traten los Pilates como una importante cita de negocios; que los incluyan en su diario como si fueran una reunión más. Dedicar treinta minutos al día a tu cuerpo no es prestarle demasiada atención, sobre todo si tienes en cuenta lo que él hace por ti. A menudo prestamos más atención a nuestros automóviles que a nuestros cuerpos, ¡pero no podemos sustituir nuestro cuerpo por un nuevo modelo! Mantener una disciplina es una manera de tomarse y tomar el propio cuerpo en serio.

Periodos regulares

La gente suele preguntarme: «¿Con qué frecuencia debería practicar?»; esta pregunta no tiene una respuesta fácil. Como en cualquier otra cosa, cuanto más practiques, antes verás los resultados. Analiza tus objetivos y tus otros compromisos y decide de cuánto tiempo dispones para dedicarlo a los Pilates. A continuación ten paciencia y desarrolla una rutina regular. Recuerda que los Pilates no son sustitutivos de la actividad cardiovascular y siempre deben combinarse con un programa de ejercicios equilibrado. Gradualmente sentirás que los músculos que rodean tus caderas y cintura se van apretando y tonificando, y tu forma corporal comienza a cambiar. Practicar Pilates dos o tres veces por semana añadirá eficacia a los demás programas de ejercicios, ya que favorecen la fuerza, la flexibilidad y el equilibrio.

La práctica conduce a la perfección

Muchos de mis clientes quieren saber cuándo cambiará su forma corporal. Yo siempre les digo: «Si has realizado el ejercicio de alcanzar el equilibrio, tu cuerpo ya tiene un aspecto diferente. Pero mantener una buena postura requiere tiempo». Queremos resultados instantáneos, pero como en cualquier otra disciplina, los progresos requieren tiempo y práctica. Es algo parecido a aprender a conducir: tenemos que desarrollar nuevas habilidades, y cuanto más estudiemos y más experiencia adquiramos, mejores conductores seremos. Lo mismo pasa con tu cuerpo y los Pilates.

Cuando practicas la técnica, tus músculos se hacen más esbeltos gracias al estiramiento regular. Los Pilates no sólo cambian la forma corporal, sino que también desarrollan la fuerza.

Aunque a menudo buscamos resultados estéticos, los Pilates también dan mucha importancia al realineamiento fundamental de nuestros cuerpos que los hará más flexibles y los liberará del dolor. No se trata de un proceso mágico; simplemente es el resultado lógico de entrenar tu cuerpo para que se comporte de un modo más equilibrado.

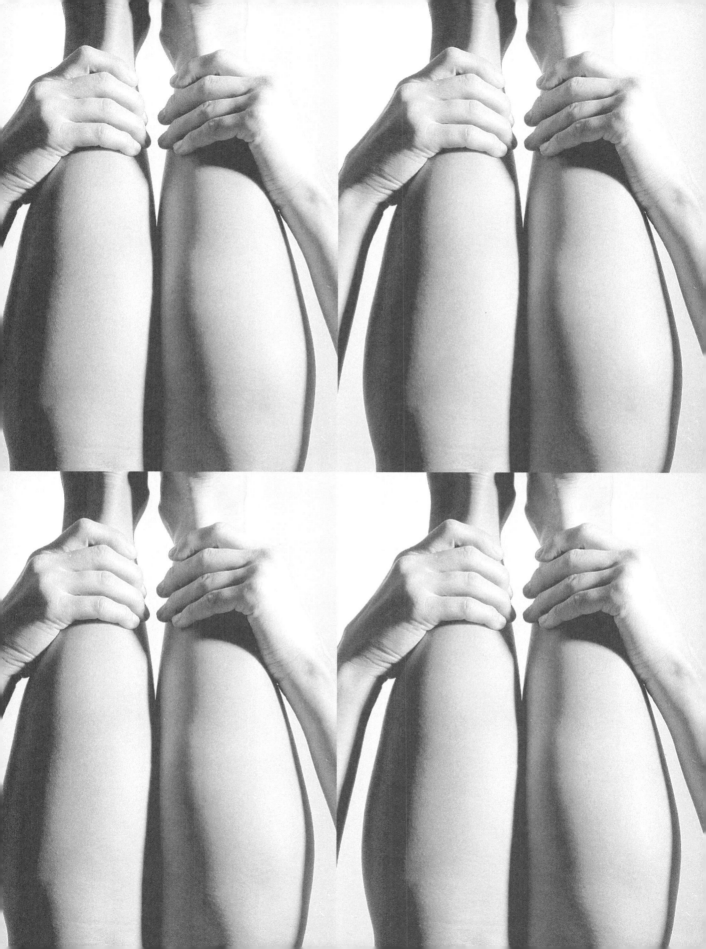

movimientos

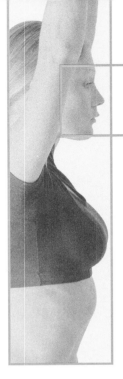

calentamientos

El calentamiento es parte esencial del programa regular y debe preceder a cada sesión de Pilates. Éste prepara el cuerpo para los movimientos que va a realizar, mejorando el flujo de sangre del corazón a los músculos. Emplea este tiempo para centrarte en tu cuerpo. Deja de lado los sucesos del día y concéntrate en tu postura y movimientos.

balanceo

Esto movimiento te calentará la columna y los músculos de la espalda. Sé cuidadoso y no fuerces el cuerpo. Muévete lentamente y con control, como si te movieras dentro del agua.

énfasis	movilidad
clave visual	arquearse hacia abajo
repetir	20 veces

1 Con los pies separados y las rodillas relajadas, estira los brazos hacia el techo manteniéndolos a la altura de la cabeza, pero sin llevarlos por detrás de ella. Mete los abdominales.

2 Espira y deja que los brazos caigan hacia delante. A medida que los brazos se balancean, deja que las rodillas se doblen y que la espalda se curve. Relaja la cabeza y los hombros y presta atención a la distensión que se produce en la columna a medida que se inclina hacia delante. Mantén los abdominales apretados y realiza el movimiento con suavidad.

3 Después de llegar a la posición curvada, inspira y vuelve lentamente a la posición vertical. Cada vez que repitas el movimiento procura estirarte un poco más hacia el techo. Imagina que tienes un hilo atado a lo alto de la cabeza que tira de todo tu cuerpo hacia arriba.

espalda redonda

Este movimiento libera la espalda.

¡Atención!

Comienza con movimientos pequeños y permite que vayan aumentando poco a poco. No fuerces el movimiento y mantén siempre los abdominales metidos.

énfasis	movilidad
clave visual	estiramiento del gato
repetir	10 veces

1 Coloca las manos sobre los muslos y alarga la columna, estirando la cabeza y el cuello diagonalmente hacia arriba. El cóccix debe curvarse hacia abajo. Mete los abdominales y deja que los omóplatos se deslicen hacia abajo, hacia la espalda.

2 Espira y redondea suavemente la espalda. Imagina que tienes un hilo atado a la cintura que te empuja hacia arriba y hacia atrás. Repite este ejercicio de calentamiento sin parar; continúa trabajando en un único movimiento continuo. Inspira mientras vuelves a la posición inicial, asegurándote de que no ahuecas la espalda en la dirección opuesta.

estiramiento de pecho

Este movimiento calienta los músculos del pecho. En lugar de alcanzar el mismo punto, trata de estirar los brazos un poco más cada vez. Visualiza que estás creando espacio en las articulaciones.

énfasis	movilidad
clave visual	hacer una forma de «V»
repetir	10 veces

1 Ponte de pie, erecto, con los pies separados y sin apretar las rodillas; extiende los brazos con las palmas frente a ti. Inspira.

2 Espira y extiende los brazos hacia los lados. Mantén la columna estirada como si un hilo invisible tirase de ti hacia el techo. Mientras vas abriendo los brazos, comprueba que mantienes contraídos los abdominales. No dejes que tu espalda se encorve. Realiza el movimiento lentamente y a velocidad constante.

círculos con un brazo

Este movimiento abre las articulaciones de los hombros.

¡Atención!

No cierres los codos y trabaja siempre dentro de tus límites. Si descubres que puedes hacer círculos más grandes en un lado que en el otro, trabaja en el lado más débil para conseguir el equilibrio corporal.

énfasis	movilidad
clave visual	dibujar
	círculos
repetir	10 veces

1 Ponte en pie, erguido, con los pies separados y sin apretar las rodillas. Estira la parte alta de la cabeza hacia el techo para comprobar que tienes la espalda correctamente alineada. Manteniendo el brazo derecho pegado al cuerpo, presiona ligeramente contra la pierna, inspira y levanta el brazo izquierdo por delante y ligeramente ladeado.

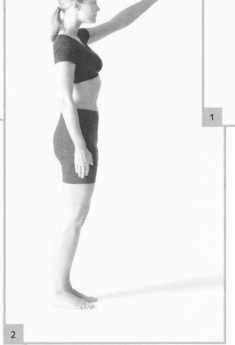

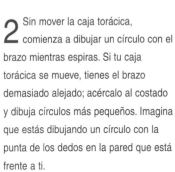

2 Sin mover la caja torácica, comienza a dibujar un círculo con el brazo mientras espiras. Si tu caja torácica se mueve, tienes el brazo demasiado alejado; acércalo al costado y dibuja círculos más pequeños. Imagina que estás dibujando un círculo con la punta de los dedos en la pared que está frente a ti.

3 Completa el círculo, procurando en todo momento mantener un ritmo lento y continuo. Imagina una rueda en la que los movimientos son continuos y no se producen sacudidas repentinas. Cuando hayas completado 10 círculos con uno de los brazos, cambia al otro y repite el ejercicio.

círculos con los dos brazos

énfasis	movilidad
clave visual	aros con los brazos
repetir	10 veces

1 Ponte de pie, erguido, con los pies separados y sin apretar las rodillas. Comienza llevando los brazos ligeramente hacia delante. Mantén los abdominales metidos y comprueba que tienes la espalda alineada.

2 Espira lentamente y haz un círculo hacia atrás con los dos brazos. Procura mantener las manos unidas y estiradas hacia el techo. Comprueba que no arqueas la espalda manteniendo los abdominales tan metidos como puedas.

3 Mantén una velocidad de movimiento constante y trata de aumentar el tamaño del círculo. Cuando llegues a diez, repite en la dirección opuesta.

soldado de juguete

énfasis	movilidad
clave visual	remo en el aire
repetir	10 veces

1 Ponte de pie con los pies separados y las rodillas relajadas. Inspira. Levanta el brazo izquierdo hacia el techo y mantén el derecho apuntando hacia el suelo.

2 Espira mientras llevas el brazo levantado hacia delante y hacia abajo, comenzando a levantar el otro brazo hacia el techo. Mantén el torso inmóvil y estira la parte superior de la cabeza hacia el techo. Hazlo con lentitud y suavidad. Repítelo 10 veces.

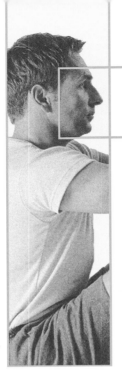

ejercicios esenciales

Los movimientos que presentamos a continuación son los ladrillos básicos de la técnica Pilates. Como siempre, comienza por las alternativas más sencillas y ve avanzando hacia la versión pura del movimiento. Tómate tiempo para trabajar cada ejercicio. Escucha tu cuerpo: nunca debes luchar por completar los movimientos. Siempre es mejor desarrollar la fuerza lentamente, pero con seguridad.

la plancha

Piensa en él como en un movimiento largo, lento y continuo. La velocidad es muy importante. Trata de ralentizar el movimiento un poco más cada vez para plantearte nuevos desafíos.

¡Atención!

Localiza dónde tienes que poner las manos para conservar el control.

énfasis	fuerza
clave visual	caracol en una pared
repetir	10 veces

1 Ponte de pie con los pies separados y sin apretar las rodillas. Inspira y contrae los abdominales mientras te preparas para dejar rodar tu cabeza y tronco lentamente hacia delante.

2 Si sabes que tienes una tensión en algún punto de la espalda, ralentiza el movimiento al pasar por esa zona. Mantén los abdominales metidos. Imagina que estás apoyado contra una pared, de manera que tu trasero no se vaya hacia atrás. La sensación es como si te doblaras sobre ti mismo.

3 A medida que vas doblándote, procura bajar todo lo que puedas sin forzar el estiramiento. Si sientes alguna tensión incómoda en la espalda, dobla las rodillas ligeramente para liberarla.

4 Si no puedes tocar el suelo al completar este movimiento de doblarte sobre ti mismo, dobla las rodillas e inclínate hacia delante. Cuando hagas contacto con el suelo, espira y camina hacia delante con las manos.

5 Mantén la lentitud, suavidad y delicadeza del movimiento, como si trataras de permanecer en silencio.

6 Deja de andar cuando tus manos lleguen a la altura de los hombros. Estírate un poco más deslizando los hombros hacia abajo de la espalda y manteniendo el cuerpo recto.

7 Inspira y dobla los brazos para hacer descender el pecho hacia el suelo. Espira mientras te elevas y vuelve a caminar con los brazos hacia atrás, repitiendo los pasos 1 al 6 en orden inverso.

alternativa a la plancha

Si este movimiento te parece demasiado difícil al principio y no puedes completar la plancha con estiramiento completo, deja caer las rodillas en las posiciones 6 y 7. Cuanto más cerca tengas las manos de las piernas, más fácil será el ejercicio. A medida que vayas adquiriendo más fuerza, trata de llegar a la versión con las piernas estiradas.

nadar

56

EJERCICIOS ESENCIALES

Imagina que tienes una hoja de papel debajo de los abdominales. Procura no tocarla con el estómago. Descubre hasta dónde puedes llegar sin que los abdominales toquen el suelo.

¡Cuidado!

No aprietes los codos. No debes sentir presión en la parte baja de la espalda. No cargues los hombros.

énfasis	fuerza
clave visual	interruptor en diagonal
repetir	10 veces

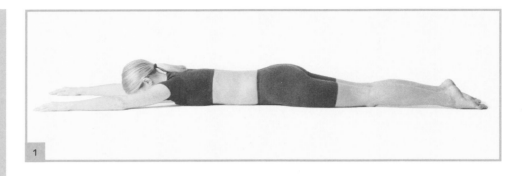

1 Tumbado hacia abajo, estira la parte superior de la cabeza hacia delante y desliza los hombros hacia atrás. Estira las piernas hacia atrás, manteniéndolas separadas a la distancia aproximada de las caderas y contrae los abdominales para levantar el ombligo del suelo. Ésta es la posición que debes tratar de mantener a lo largo de todo el movimiento.

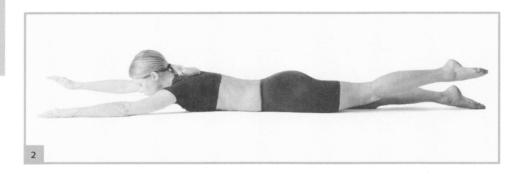

2 Espira mientras levantas la pierna izquierda y el brazo derecho. Levanta los miembros todo lo que puedas sin tocar la colchoneta con el ombligo. Siente que tus músculos se alargan en contacto con el suelo antes de levantarte. No luches por elevarte demasiado, ya que lo más importante es el estiramiento.

3 Inspirando, baja los miembros y cambia a los del otro lado. Lós dedos pequeños de la mano y del pie deberían estar en la misma diagonal espacial. Realiza movimientos lentos y controlados. La velocidad del movimiento debe ser la misma tanto cuando elevas como cuando bajas los miembros.

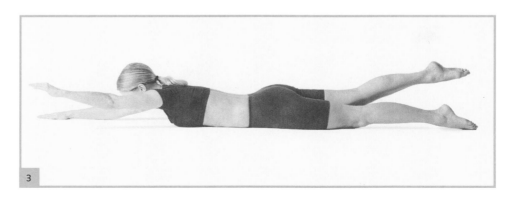

alternativas al ejercicio de nadar

Si sientes tensión o dolor en la parte inferior de la espalda, prueba alternativas más sencillas. En lugar de levantar los abdominales, manténlos pegados al suelo. Esto limitará la amplitud de tu movimiento. Mientras te mueves, enfócate en tu centro y no en las piernas. Trabaja elevando el ombligo; imagina que el suelo está caliente y no quieres quemártelo. El objetivo es mantener siempre la columna neutral en esta posición hacia abajo (véase la definición de columna neutral en la página 73). Como este movimiento resulta difícil para algunos, puede que te descubras cruzando la línea que separa el control de la lucha. Evítalo y tómate tu tiempo. Presiona con piernas y brazos hacia el suelo antes de intentar levantarlos.

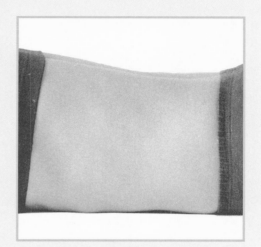

1 Aísla la parte superior del cuerpo manteniendo las piernas pegadas al suelo. Espira mientras levantas la cabeza y el brazo derecho del suelo. Inspira bajando el brazo y cambia al izquierdo. Tu objetivo es mantener el ombligo separado del suelo.

2 Aísla la parte inferior del cuerpo apoyando la cabeza sobre las manos. Deja caer los hombros hacia abajo. Espira mientras levantas la pierna derecha. Aprieta el estómago y elévalo del suelo. Baja la pierna derecha y cambia a la izquierda.

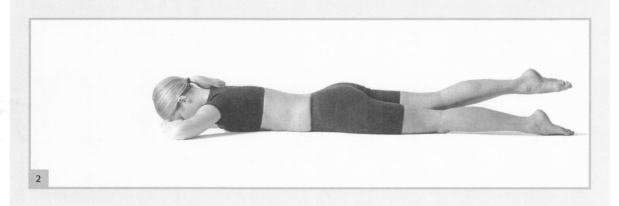

tirón de pierna en posición prona

58

Joseph Pilates se inspiró en el yoga. Este ejercicio es muy parecido a la posición de la plancha, aunque los ejercicios Pilates se centran en el movimiento.

¡Cuidado!

Si la respiración se acelera es que estás esforzándote demasiado. El progreso se consigue trabajando despacio.

énfasis	fuerza
clave visual	mesa de café
repetir	10 veces

1

1 Empieza en la posición de la plancha con la espalda recta y los abdominales metidos para proteger la espalda. Asegúrate de no levantar el trasero por encima de los hombros. Mantén los hombros bajos, en su lugar, y no estires completamente los codos. Inspira.

2 Espira elevando la pierna izquierda sin dejar que se muevan las caderas. Imagina que eres una marioneta: cuando se tira del hilo, la pierna de la marioneta de levanta. Tu hilo son los abdominales que se van apretando.

2

3 Inspira mientras bajas la pierna y espira levantando la otra. Tu objetivo consiste en no mover las caderas. Mantén la espalda recta. Comprueba que no subes los hombros y mantienes el cuello estirado. Debes elevar y bajar las piernas lenta y continuamente, sin variar la velocidad.

3

alternativas al tirón de pierna en posición prona

ALTERNATIVA 1

Descansa los antebrazos sobre el suelo, colocándolos a la distancia aproximada de los hombros. Como ahora estás más cerca del suelo, el tirón de la gravedad es menor y verás que los movimientos de las piernas son más fáciles de controlar. Procura realizar movimientos suaves y equilibrados.

ALTERNATIVA 2

1 Si en un principio levantar las piernas te resulta demasiado difícil, procura mantener el equilibrio en esta posición. Asienta los antebrazos firmemente en el suelo y curva los dedos de los pies. Los dedos de los pies y las manos deben estar alineados.

2 Si deseas una versión menos intensa del ejercicio, coloca también las rodillas en el suelo. Recuerda que debes mantener los abdominales metidos y mantener el trasero bajo, en línea con los hombros.

3 Para reducir la intensidad todavía más, baja las caderas. Debes dejar reposar el peso de la parte inferior de tu cuerpo sobre ambos pies. Mete los abdominales y siente el cambio de peso mientras presionas hacia abajo con los brazos.

rodar hacia delante

Este movimiento tiene la intención de desarrollar la fuerza abdominal.

¡Cuidado!

Si te resulta demasiado difícil rodar hacia delante partiendo del suelo, tendrás que trabajar la movilidad de la espalda. No fuerces el movimiento ni te esfuerces por completarlo.

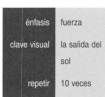

énfasis	fuerza
clave visual	la salida del sol
repetir	10 veces

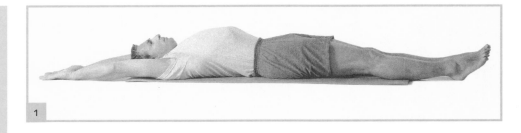

1 Túmbate de espaldas en el suelo con las piernas rectas y estira los brazos por encima de la cabeza. Comprueba que mantienes los hombros bajos respecto a la espalda.

2 Eleva lentamente los brazos hacia el techo con la inspiración. Procura mantener la columna neutral (véase en página 73 la definición correspondiente) a medida que elevas los brazos.

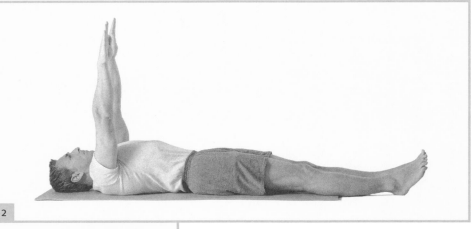

3 Espira y rueda lentamente hacia delante, despegando la columna del suelo. Mantén la cabeza alineada y deja que tus ojos te guíen. Asegúrate de que el tronco está erguido y no aplastes tu cuerpo.

4 Estírate sobre las piernas mientras inspiras y a continuación vuelve a extenderte sobre el suelo con la espiración. No hagas pausas. Continúa rodando otra vez hacia delante, tratando de llegar un poco más lejos cada vez en la dirección de los dedos de los pies.

alternativas al ejercicio de rodar hacia delante

Esta variante te permite empezar en un nivel inferior mientras te vas fortaleciendo y mejoras la flexibilidad de tu espalda. Cada vez que repitas este movimiento podrás estirarte un poco más. Recuerda que has de mantener los pies firmemente apoyados en el suelo en todo momento.

1 Empieza desde la posición sentada, con los brazos estirados ante ti. Siéntate erguido, como si tuvieras un gancho en la parte alta de la cabeza que tirase de ti hacia el techo. Desliza los hombros hacia abajo, hacia la espalda, y coloca las piernas con las rodillas dobladas a una distancia cómoda de tu cuerpo. Deberías ser capaz de sentarte sin encorvar los hombros.

2 Inspira y rueda hacia atrás, hasta el punto en que puedes sentir que controlas el movimiento. Ese punto viene determinado por la flexibilidad de tu espalda y la fuerza de tu centro. Espira y vuelve a la posición sentada. No te detengas en este punto. Continúa moviéndote y completa 10 movimientos. A medida que adquieras más flexibilidad podrás inclinarte más hacia atrás.

escucha a tu cuerpo

Nuestros cuerpos nunca son lo mismo de un día al siguiente, y por eso debes esperar que tu capacidad varíe. Practicar un viernes, después de toda una dura semana de trabajo, te producirá una sensación distinta que practicar un lunes, después de todo un fin de semana de inactividad. A veces el único remedio para la fatiga es tomarse un merecido descanso. Según investigaciones recientes, la persona media duerme entre una y dos horas menos que hace

veinte años. Un buen descanso es imprescindible para que la práctica de los ejercicios sea eficaz. Además, tu cuerpo y su metabolismo cambian con las estaciones. En invierno cuesta más calentar el cuerpo, mientras que en verano nuestros cuerpos están a una temperatura más alta. Los hábitos alimenticios también entran en juego. He descubierto que mi cuerpo se comporta de manera muy distinta después de la comida. Pilates comparaba el hecho de

comer abundantemente para a continuación sentarse o tumbarse, con «sobrecargar la caldera de carbón y después cerrar todos los respiraderos». Asimismo, el alimento es el combustible de nuestro cuerpo, y si tienes el depósito vacío es posible que rindas menos. Joseph sugirió que gastáramos energías en proporción a la cantidad de combustible que consumimos. La clave reside en mantener el equilibrio.

rodar hacia atrás

Sé paciente y delicado con tu columna hasta que sientas que ruedas de manera natural y puedes volver a sentarte con facilidad.

¡Atención!

Si sientes tensión en la parte baja de la espalda y te cuesta trabajo erguirte después de rodar, emplea la alternativa que proponemos más abajo para calentar la columna antes de empezar.

énfasis	movilidad
clave visual	erizo
repetir	10 veces

1 En posición sentada, elévate desde tu centro, imaginando que tienes la parte alta de la cabeza conectada con el techo por un hilo tenso. Dobla las piernas y coloca los pies juntos, planos sobre el suelo. Pon las manos sobre éstos y mete los músculos del estómago.

2 Tomando una respiración lenta, curva la pelvis y comienza a rodar con la barbilla cerca del pecho y la columna encorvada.

3 Rueda suavemente hacia atrás hasta llegar a los hombros. A medida que vuelves a rodar hacia delante, con los abdominales todavía contraídos, comienza a espirar lentamente. Completa la respiración mientras vuelves a sentarte y estiras la columna hacia el techo. Trata de rodar con la máxima suavidad posible.

alternativa a rodar hacia atrás

1 Si no puedes hacer el ejercicio anterior libre de tensiones, prueba esta alternativa más sencilla. Usa las manos como soportes, con las palmas hacia abajo, colocándolas detrás y manteniéndolas cerca de ti.

2 Inspira mientras inclinas la pelvis y ruedas hacia atrás; usa los brazos para apoyar el peso corporal tanto como lo necesites mientras vuelves a rodar hacia arriba.

círculo con una pierna

Este movimiento abre la articulación de la cadera, aumentando la movilidad.

¡Atención!

Si te ves obligado a mover las caderas, estás haciendo una rotación demasiado amplia. Puedes descubrir que cada lado tiene una amplitud de movilidad distinto. Limita tus movimientos a la amplitud permitida por la cadera menos flexible y realiza el movimiento de la pierna con suavidad. Este ejercicio acabará restaurando el equilibrio de ambas caderas.

énfasis	movilidad
clave visual	reloj
repetir	10 veces c/u

1 Túmbate relajado y recto sobre la colchoneta, con los brazos a los lados y las palmas hacia abajo. Contrae los abdominales. Estirando los dedos, apunta con la pierna izquierda hacia el techo, llegando tan lejos como puedas sin tensarte. Mantén la columna neutral (página 73).

2 Rota la pierna izquierda en el sentido de las agujas del reloj, usando la articulación de la cadera como centro de giro. Inspira siempre de las 12 a las 6 y espira de las 6 a las 12. Repite el movimiento en la dirección contraria y después cambia a la pierna derecha.

---

alternativas al círculo con una pierna

ALTERNATIVA 1

Mantén una pierna doblada por la rodilla, con el pie plano sobre el suelo para estabilizar el cuerpo. Esto reducirá el rango de rotación de la pierna levantada y hará más fácil mantener la columna neutral. También puedes imaginar que estás dibujando un círculo en el techo con el dedo gordo del pie. Inspira y espira, usando la misma rotación en el sentido de las agujas del reloj practicada en anteriores movimientos.

ALTERNATIVA 2

Esta vez baja la pierna elevada hasta formar un ángulo de 90º y dibuja el círculo del reloj con la rodilla, tirando hacia arriba desde la cadera.

el ciento

El ciento se emplea para fortalecer el torso. El desafío consiste en mantener la columna neutral mientras cuentas hasta cien. Usa las manos para contar; inspira contando hasta cinco y espira contando también hasta cinco. Encuentra una posición que te permita mantener la columna neutral.

énfasis	fuerza
clave visual	pendiente pronunciada
repetir	10 veces

EJERCICIOS ESENCIALES

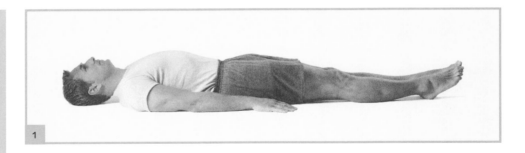

1 Túmbate de espaldas y comprueba que tienes la columna neutral (página 73). Pon los pies en punta y estira la columna, alejando de ti la parte alta de la cabeza. Debes mantener los hombros caídos.

2 Levanta las dos piernas hasta una postura en la que aún puedas mantener la columna neutral. Al mismo tiempo, levanta la cabeza del suelo. Imagina que tienes una naranja debajo de la barbilla.

3 Con un pequeño movimiento y manteniendo los brazos rectos, elévalos a unos cinco centímetros del suelo y después bájalos; inspira durante cinco movimientos arriba y abajo y espira durante otros cinco. Repite el ejercicio diez veces hasta que hayas completado cien movimientos.

alternativas al ciento

1 Reduce la intensidad del ejercicio doblando las rodillas y limitando así el peso que tienes que sostener. Recuerda que cuanto más estiradas tengas las rodillas, más peso tendrás que soportar.

2 Para reducir aún más la intensidad y el peso levantado, pon la pierna derecha sobre el suelo mientras cuentas hasta cincuenta; cambia a la pierna izquierda mientras cuentas de cincuenta a cien. Trabaja las dos variantes para sentir la diferencia en ambos lados del cuerpo.

3 Apoyando ambas piernas en el suelo, no tienes que soportar otro peso que el de la parte superior de tu cuerpo. Procura mantener esta posición, recordando siempre que tu objetivo es la columna neutral (véase página 73).

4 Manteniendo la cabeza y los hombros bajos, conserva la columna neutral mientras inspiras contando hasta cinco y espiras contando también hasta cinco. Repítelo 10 veces. Usa los brazos para contar. También puedes empezar contando dos veces hasta cincuenta para después tratar de llegar hasta cien. Mantén en todo momento la columna estirada y los hombros caídos hacia la espalda.

el sello

Este es el segundo de
la serie de ejercicios de
rodar, y se emplea para
crear movilidad y
flexibilidad en la
columna.

¡Atención!

*Si te resulta demasiado
difícil, vuelve a otros
ejercicios más básicos
en los que puedes usar
los brazos para
apoyarte.*

énfasis	movilidad
clave visual	bola rodante
repetir	10 veces

1 Asume una posición equilibrada, sujetándote
ligeramente las piernas. Eleva la parte superior
de la cabeza hacia el techo y contrae los
abdominales.

2 Inspira mientras ruedas hacia atrás hasta los
hombros. Mantén esa forma de bola apretada.
Mientras ruedas, imagina que estás imprimiendo tu
columna en la esterilla.

3 Espira mientras vuelves a rodar hasta
recuperar la posición sentada. Usa los
músculos de tu centro para impulsarte de vuelta
a la posición equilibrada.

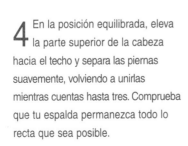

4 En la posición equilibrada, eleva
la parte superior de la cabeza
hacia el techo y separa las piernas
suavemente, volviendo a unirlas
mientras cuentas hasta tres. Comprueba
que tu espalda permanezca todo lo
recta que sea posible.

5 Este movimiento de los pies
alarga el periodo de equilibrio
y también potencia el elemento
fortalecedor del movimiento.
Focalízate en tu centro e imagina
que el tirón comienza allí. La
fuerza necesaria para mantener la
posición equilibrada también
debería venir de tu centro.

estiramiento de una pierna

Este movimiento te plantea el desafío de mantener la columna neutral mientras cambias de pierna.

¡Atención!

No llegues a estirar tanto los brazos que se cierren las articulaciones de los codos. Evita encorvar los hombros. No debes sentir presión en la parte inferior de la espalda.

énfasis	fuerza
clave visual	tocar los pies
repetir	10 veces

1 Levantando ligeramente la cabeza y los hombros, cógete la pierna derecha delicadamente y estira la izquierda, alejándola de ti. La altura de la pierna viene determinada por su peso y por la fuerza de tus abdominales. Elévala más si sientes que se te arquea la espalda.

2 Cambia lentamente a la otra pierna. Realiza movimientos continuos, inspirando durante dos cambios y espirando durante otros dos. Mantén los codos elevados y la cabeza alineada. Si sientes alguna tensión en el cuello, baja la cabeza y los hombros.

alternativas al estiramiento de una pierna

1 Puedes reducir aún más la intensidad de este movimiento bajando una pierna al suelo y manteniendo la cabeza y los hombros bajos. Cógete suavemente la pierna y comprueba que tienes la espalda en posición neutral (véase página 73).

2 Espira a medida que alejas la pierna de ti. Inspira al retraerla hacia tu centro. Procura asegurarte de que tus brazos y piernas permanecen paralelos, formando el mismo ángulo. Repítelo cinco veces y después hazlo con la otra pierna.

la sierra

Este movimiento trabaja la movilidad y estira la parte superior de la espalda.

¡Atención!

No fuerces el estiramiento. Llévalo a un punto de tensión y relájate para permitir el tirón final. No te esfuerces por completar el movimiento. Si llegar a tocarte los dedos te resulta difícil, ve aproximándote poco a poco.

énfasis	movilidad
clave visual	hélice de aeroplano
repetir	10 veces

1 Siéntate con las piernas separadas a la distancia aproximada de las caderas y los pies flexionados. Levanta los brazos a ambos lados. No debes abrirlos demasiado, sólo lo suficiente para poder verlos cuando miras hacia delante. Eleva la cabeza como si estuvieras en el cine tratando de mirar por encima de una persona alta que tienes delante.

2 Espira y gira el cuerpo hacia un lado. Mantén los brazos alineados con los hombros mientras giras. No dejes que crucen el cuerpo. Gira igualmente hacia atrás y hacia el lado, manteniendo las caderas firmemente orientadas hacia delante.

3 Continúa espirando mientras te estiras sobre la pierna hasta el punto de tensión. Imagina que tienes una gran pelota de playa sobre la rodilla y que te estiras sobre ella. Durante el estiramiento, mantén la cabeza baja. Inspira volviendo al centro y repite el ejercicio en el otro lado.

preparación del puente de los hombros

Este movimiento sirve para abrir y movilizar toda la columna.

¡Atención!

No fuerces el movimiento. Sé delicado con la columna. Si sabes que tienes una tensión en cierta zona, ralentiza el movimiento al pasar por ella. Concéntrate en conseguir pacientemente que tus músculos se hagan flexibles.

énfasis	movilidad
clave visual	pendiente de esquí
repetir	10 veces

1

2

1 Túmbate de espaldas con los brazos a los lados. Piensa que la parte superior de tu cabeza tira de ti hacia un extremo de la habitación y tu cóccix hacia el otro. Inspira para prepararte, manteniendo un centro fuerte.

2 Espira y comienza a desplazarte hacia arriba, hacia el techo, dirigiendo el movimiento con el cóccix y dejando que las vértebras se vayan levantando una a una del suelo. Eleva las caderas, llevándolas hasta la altura en la que el cuerpo forme una pendiente continua y no más alto.

3 En el punto más alto del movimiento, estira los brazos hacia atrás e inspira. Al espirar, comienza a rodar de nuevo sobre el suelo como si depositases un collar de perlas sobre una pieza de terciopelo. Visualiza cada vértebra según va tocando la colchoneta.

3

patada lateral

Este es un movimiento de estiramiento que te plantea el desafío de mantener el equilibrio mientras llevas la pierna hacia delante.

¡Atención!

Mantén los hombros estirados y no permitas que la parte superior de los brazos se mueva hacia atrás. Levanta tanto la pierna como para comenzar a perder el equilibrio.

énfasis	fuerza
clave visual	salto
	lateral
repetir	10 veces

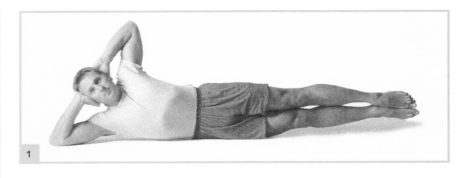

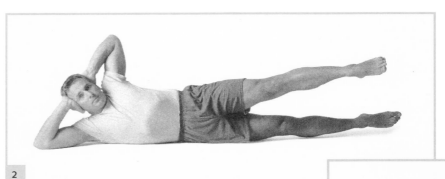

1 Túmbate de lado y comprueba que tienes la columna en posición horizontal. Contrae los abdominales. Debes mantener las caderas apiladas una encima de otra. Estira las piernas mientras elevas la parte superior del cuerpo, alejándola de tu centro.

2 Espira llevando la pierna que tienes encima hacia delante, e inspira recogiéndola lentamente. Encuentra el rango de movimiento que te permita mantener el control. La fuerza parte de tu centro y tu cuerpo trabaja como una totalidad. Repítelo sobre el otro lado.

alternativas a la patada lateral

1 Para facilitar el equilibrio y rebajar la intensidad del movimiento, túmbate sobre un brazo y coloca el brazo que queda en la parte superior enfrente de ti. Comprueba que mantienes el cuerpo recto.

2 Para reducir aún más la intensidad del movimiento, eleva el torso sobre el codo y coloca el brazo superior detrás de la cabeza. Comprueba que te elevas del suelo con la parte superior de tu cuerpo. No debes sentir tensión en los hombros cuando lo hagas.

70

EJERCICIOS ESENCIALES

estiramiento de la columna

énfasis	movilidad
clave visual	bola de playa
repetir	10 veces

1 Siéntate con las piernas por delante y algo separadas; pon las manos en el suelo entre ellas. Flexiona los pies y tira hacia arriba de los abdominales, elevando la cabeza hacia el techo. Sigue estirándote. En lugar de llegar cada vez al mismo punto, trata de subir más. Piensa también que tus hombros se extienden hacia los lados, como si abrieran el cuerpo aún más.

1

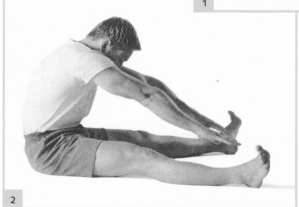

2

2 Espira mientras redondeas la espalda y te estiras hacia delante. Trata de imaginarte que te estiras sobre una gran pelota de playa. Lleva el movimiento hasta un punto de tensión y después vuelve a rodar hacia arriba, apilando las vértebras una tras otra. No te detengas en ningún punto de este movimiento; hazlo libre y fluido.

alternativa al estiramiento de la columna

Dobla las rodillas y levanta los dedos de los pies; a continuación, efectúa el movimiento descrito anteriormente. Si se te cansan los brazos, puedes doblarlos hasta la posición *Cossack* dejando que las manos toquen los hombros. Estira la columna desde su base, inclinándote desde el suelo. Procura no encorvar la espalda ni aplastar los músculos abdominales.

torsión de la columna

Este ejercicio trabaja la movilidad de la parte superior de la espalda.

¡Atención!

No pienses que este movimiento es un estiramiento. Piensa en él como en un ejercicio de rotación de columna en el que giras de un lado al otro. Trabaja con delicadeza para corregir cualquier desequilibrio hasta realizar los movimientos con suavidad.

énfasis	movilidad
clave visual	hélice de aeroplano
repetir	10 veces

1 Siéntate con las piernas separadas y los brazos desplegados hacia ambos lados. No estires los brazos demasiado: deben descansar formando ángulos rectos con las piernas extendidas. Ahora contrae los abdominales y endereza y eleva la cabeza. Imagina, una vez más, que un gancho en la parte superior de tu cabeza tira de ti hacia el techo.

1

2

2 Espira girándote hacia un lado, manteniendo la cabeza erguida hacia el techo y las caderas orientadas hacia adelante. Cuando llegues al punto de tensión, trata de relajar el cuerpo un poco más.

3 Inspira volviendo al centro y espira repitiendo el movimiento hacia el otro lado. Procura llevarlo un poco más lejos cada vez, sin forzar. Si se te cansan los brazos, puedes emplear la posición *Cossack* de brazos o doblar los codos para que las manos toquen los hombros.

3

alternativa al giro de columna

Siéntate con las rodillas dobladas y los pies tocándose entre sí. No unas las piernas demasiado. Si sientes que se tensan, aléjalas más de ti. Ahora realiza el ejercicio que se describe más arriba. Sentarte sobre un libro o una toalla te ayudará a enderezarte y sentarte adecuadamente.

columna neutral

Muchos de los movimientos Pilates requieren que mantengas la «columna neutral». Este término se emplea para describir la curvatura natural de tu columna. Todos tenemos tres curvas en la columna, la cervical (cuello), la torácica (parte superior de la espalda) y la lumbar (parte inferior de la espalda). Una columna en buena posición debe tener una forma de S (aunque en realidad, la forma de tu columna será mucho más suave y menos pronunciada de lo que la enroscada letra S podría hacerte suponer). Una mala postura nos hace inclinarnos hacia delante en forma de C.

Posición supina

Explicar el concepto de columna neutral no siempre resulta fácil, ya que no es una posición fija. Para encontrar tu posición natural, prueba este sencillo ejercicio. Túmbate de espaldas sobre el suelo con las rodillas dobladas. Lleva

suavemente la espalda hacia atrás hasta tocar el suelo (en aerobic, a esta postura se le llama «espalda plana»). Si te pusieras de pie con la espalda en esta posición, estarías encorvado hacia delante. Ahora lleva el cuerpo al otro extremo del espectro y arquea ligeramente la espalda. La posición neutral se encuentra aproximadamente a medio camino entre estos dos extremos. Simplemente deja que tu

espalda se relaje en su posición «supina» normal. No empujes hacia el suelo con los pies ni inclines la pelvis. A continuación, situa las manos debajo de la espalda. Encontrarás un espacio que para algunos es mayor que para otros. Todo el mundo tiene una posición natural ligeramente diferente, porque todos tenemos distintas formas y tamaños.

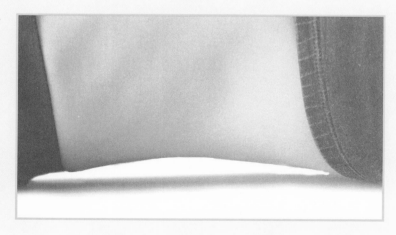

nuevos desafíos

Después de dominar algunos de los movimientos esenciales, prueba éstos que son más difíciles y progresivos. Escucha lo que te dice tu cuerpo y añádelos a tu programa únicamente cuando te sientas preparado y capaz. Está bien plantearte desafíos, pero no excedas el rango de movimiento cómodo ni te esfuerces tanto como para perder el control y empezar a luchar.

el cangrejo

Como todos los movimientos en los que hay que rodar, el cangrejo usa el peso del cuerpo para estirar la columna. Trata de ralentizar el movimiento hasta poder completarlo controlando con los abdominales.

¡Atención!

No te sorprendas si al principio ruedas hacia un costado. Este problema se reducirá con el tiempo y la práctica.

énfasis	movilidad
clave visual	cangrejo
repetir	10 veces

1 Emplea la misma posición de partida del ejercicio de rodar hacia atrás (página 62). Cruza los pies por delante manteniendo el equilibrio. Contrayendo los abdominales, levanta los pies de la esterilla. Pon los brazos alrededor de las piernas y agarra suavemente el pie izquierdo con la mano derecha y el pie derecho con la mano izquierda. Eleva los pies ligeramente hacia el pecho.

2 Comienza a rodar inclinando la pelvis hacia atrás. Inspira mientras ruedas hacia abajo y espira al rodar hacia arriba a medida que vas estirando el cuerpo. Recuerda que sólo has de rodar hacia atrás hasta la altura de los hombros y que debes mantener el control a lo largo de todo el ejercicio. Si te resulta difícil, vuelve al sello.

estiramiento de las dos piernas

Este movimiento se emplea para fortalecer los abdominales y la parte inferior de la espalda. El peso de las piernas y los grandes movimientos circulares de los brazos te plantean el desafío de mantener la columna neutral a lo largo del ejercicio.

¡Atención!

Si comienzas a temblar o no puedes mantener la columna neutral, eleva más las piernas y reduce el movimiento de los brazos. También puedes probar las alternativas que se exponen más adelante.

énfasis	fuerza
clave visual	estiramiento matinal
repetir	10 veces

1 Túmbate plano sobre la esterilla, contrae los abdominales y mantén la columna neutral. Lleva las rodillas hacia el pecho y coloca las manos sobre ellas.

2 Inspira, pon las piernas y los brazos rectos formando un ángulo de 45° y levanta la cabeza y los hombros de la esterilla. Mantén la barbilla y la cabeza alineadas con los brazos y las piernas.

3 Sin mover las piernas, comienza a hacer amplios círculos continuos con los brazos, estirándolos hacia atrás, hasta la parte posterior de la cabeza a la altura de las orejas.

4 Sin detenerte, abre los brazos hacia los lados, completando el círculo al volver al ángulo de 45º y de nuevo a tocar las rodillas.

---

alternativas al estiramiento de las dos piernas

Estas alternativas más sencillas proporcionan mayor estabilidad y permiten un rango de movimientos más amplio con los brazos.

¡Atención!

Si sigues experimentando tensión en estas dos posiciones, de momento simplemente mantén las dos rodillas dobladas y los pies planos sobre el suelo.

ALTERNATIVA 1
Elimina la tensión de la parte baja de la espalda doblando una pierna y colocando el pie plano sobre la esterilla

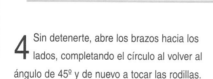

ALTERNATIVA 2
Si sientes tensión en el cuello y los hombros, manténlos pegados a la esterilla mientras completas el círculo de brazos.

balanceo con las piernas abiertas

Este movimiento trabaja la movilidad de la columna. Con las piernas levantadas también trabaja la fuerza.

¡Atención!

Si te parece que la posición de las piernas en este ejercicio es demasiado difícil, prueba movimientos menos intensos como el básico de rodar de espaldas (p. 62) o el sello (p. 66).

énfasis	movilidad
clave visual	silla balanceándose
repetir	10 veces

NUEVOS DESAFÍOS

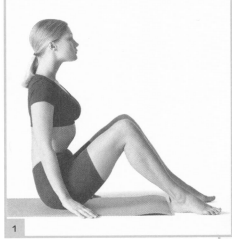

1 Siéntate con las piernas por delante, las rodillas elevadas y ligeramente separadas. Eleva la cabeza como si estuviera unida por un hilo al techo. Contrae los abdominales. Abre los hombros, haciéndolos rodar hacia atrás.

2 Cógete de los tobillos y eleva las piernas hasta una posición equilibrada. Aleja las piernas de ti a medida que elevas la cabeza para mantener la columna erguida.

3 Manteniendo el equilibrio, extiende las piernas delante de ti. Cuanto más las extiendas, más tendrás que tensar los abdominales para mantener el equilibrio.

4 Inspira mientras ruedas sobre la espalda, manteniendo las piernas a la misma distancia del cuerpo. Espira volviendo a la posición equilibrada. Dobla las rodillas ligeramente para poder tocarte los dedos de los pies.

el puente sobre los hombros

Este movimiento pone a prueba tu fuerza esencial.

¡Atención!

No arquees demasiado la espalda. Mantén los hombros, las caderas y las rodillas en línea recta.

énfasis	fuerza
clave visual	mástil de una nave
repetir	10 veces

1 Túmbate de espalda con las rodillas dobladas y los pies separados a la distancia aproximada de las caderas. Estira los brazos a ambos lados del cuerpo y la columna hasta la altura de las orejas.

2 Inspira mientras elevas las caderas hacia el techo, separando la columna del suelo vértebra a vértebra. Mantén los abdominales contraidos. Rueda tan sólo hasta la altura de los hombros.

3 Espira mientras despliegas la pierna izquierda hacia el techo, manteniendo las caderas elevadas sin permitir que caigan. Usa la fuerza de tu centro para mantenerte en la posición.

4 Inspira volviendo a bajar la pierna, apuntando con los dedos lejos de ti.

5 Baja la pierna hasta tocar el suelo, espirando mientras vuelves a elevarla hacia el techo. Inspira cuando toque el suelo y después espira lentamente a medida que vas bajando la espalda, depositando las vértebras una a una sobre la esterilla.

giro lateral

Este movimiento sirve para fortalecerte, planteándote el desafío de levantar el peso de tu cuerpo del suelo.

¡Atención!

Presionar sobre una articulación es positivo, ya que escurre todo el líquido sinovial y permite que entre nuevo fluido. Pero si sientes mucha presión en el codo o en la muñeca, prueba las alternativas.

énfasis	fuerza
clave visual	torre inclinada
repetir	10 veces

1 Siéntate sobre tu cadera derecha con el brazo recto y la mano a la altura del hombro. Dobla la pierna izquierda y colócala por delante de la derecha, que debe permanecer recta. Eleva la cabeza y contrae los abdominales. Procura mantener las caderas hacia delante, de manera que queden una sobre la otra.

2 Espira mientras empujas sobre tu pie izquierdo y comienzas a levantar el cuerpo hacia el techo. Estírate hacia arriba, mientras tu mano izquierda dibuja un semicírculo en el aire, en tu costado. La fuerza está en tu centro, del que parte el movimiento. Mantén la columna estirada cuando comiences a levantarte.

3 Continúa estirándote hasta estar plenamente extendido. Inspira bajando lentamente la posición del cuerpo a la postura inicial. Mantén la misma velocidad durante la subida y la bajada. Procura mantenerte y no mover el peso de tu cuerpo hasta haber completado 10 repeticiones. Realiza el ejercicio en el otro lado.

alternativas al giro lateral

Al hacer el movimiento más cerca del suelo, reduces el grado de control que necesitas para equilibrarte correctamente.

¡Atención!

Mantén la caja torácica elevada y no dejes que se hundan los brazos. No pongas todo el peso únicamente en los hombros.

ALTERNATIVA 1

1 Haz descansar el cuerpo sobre el codo, extendiendo la mano hacia delante. Eleva la otra mano por detrás de la cabeza. Mantén los abdominales tensos.

2 Espiras mientras elevas la cadera hacia el techo. Mantén las caderas una sobre la otra y procura no dejar que se muevan ni rueden hacia delante.

Reduce la intensidad, manteniendo ambas manos sobre el suelo y doblando las rodillas.

¡Atención!

Evita la tensión en la región de los hombros deslizándolos hacia atrás y poniéndolos mentalmente en su lugar.

1 Mantén la mano izquierda sobre el suelo mientras descansas sobre el codo derecho. Dobla las dos rodillas, manteniendo la rodilla y pie superiores sobre los inferiores. No dejes que las caderas rueden hacia delante.

2 Espira mientras levantas las caderas del suelo y elévalas hasta una altura donde puedas mantener el control. Inspira mientras vas descendiendo.

arrodillarse con patada lateral

Este movimiento está diseñado para desarrollar la fuerza. Te plantea el desafío de mantener el torso en posición neutral mientras usas el peso de la pierna balanceándose hacia delante para mantener el equilibrio.

¡Atención!

No lo intentes si tienes un historial de problemas de rodilla.

énfasis	fuerza
clave visual	pesas en equilibrio
repetir	10 veces

1 Arrodíllate con las piernas ligeramente separadas y los brazos colgando a ambos lados del cuerpo. Comprueba que estás equilibrado en tu centro y que tu pelvis está relajada en posición neutral. Eleva la cabeza y tira hacia arriba de los abdominales, comprobando que tu espalda continúa en posición neutral.

2 Deposita el peso en el brazo derecho, y asegúrate de estar equilibrado sobre tu brazo y pierna derechas. Pon los dedos del pie en punta y estira la pierna, estirando la cabeza y las orejas en la dirección opuesta.

3 Contrayendo los abdominales, eleva la pierna hasta la altura de la cadera.

4 Mantén la espalda en su posición neutral, espira y lleva la pierna hacia delante, a la altura de la cadera. El objetivo es mantener la espalda inmóvil mientras mueves la pierna. Inspira mientras la pierna vuelve para alinearse con la cadera. Repítelo en el otro lado.

el provocador

Este movimiento está diseñado para desarrollar la fuerza. El esfuerzo consiste en elevar el torso hasta una posición de equilibrio.

¡Atención!

El grado de intensidad de este ejercicio puede reducirse si mantienes en todo momento una pierna en el suelo.

énfasis	fuerza
clave visual	zambullida horizontal
repetir	10 veces

1 Siéntate con las rodillas dobladas delante de ti y cógete las piernas ligeramente. Tira de tu centro hacia arriba mientras enderezas la cabeza, irguiéndote hacia el techo.

2 Inspira y extiende las piernas, manteniendo una posición equilibrada. Lleva lentamente las manos hacia los pies. Recuerda mantener los hombros bajos, sin levantarlos de la espalda.

3 Siente cómo la columna se va elevando de la esterilla vértebra a vértebra. Mira hasta dónde puedes estirarte sin perder el control del movimiento.

4 Inspira mientras dejas que tu cuerpo ruede lentamente hacia la esterilla, y espira volviendo a la posición equilibrada. El movimiento debe ser lento y suave; repítelo 10 veces.

la navaja

Ésta es una maniobra de fuerza que te plantea el desafío de elevar el cuerpo hasta apoyarlo en los hombros.

¡Atención!

Comprueba que tienes suficiente flexibilidad en la columna antes de intentarlo. Doblando las rodillas durante el movimiento puedes reducir la tensión en la parte inferior de la espalda.

énfasis	fuerza
clave visual	navaja
repetir	10 veces

1 Túmbate recto sobre el suelo con los brazos a ambos lados. Estira la cabeza.

2 Espira y comienza a elevar las piernas lentamente hacia el techo. Mantén los pies frente al rostro mientras se van estirando hacia arriba. Procura no usar los brazos demasiado: usa tu centro como impulsor.

3 Cuando alcances el punto más alto haciendo rodar las piernas, permite que tu cuerpo vuelva a descender lentamente hacia el suelo. El objetivo no debe ser llegar al punto más alto de estiramiento, sino el camino hasta llegar allí y la vuelta. Cuanto más lentamente realices el movimiento, más fuerza desarrollarás.

NUEVOS DESAFÍOS

giro de la cadera

Éste es un movimiento de fuerza que requiere mantener el torso inmóvil mientras mueves las piernas en círculo.

¡Atención!

La largura de tus piernas indica su peso; cuanto más largas, más pesadas. Si tienes las piernas largas, puedes doblar las rodillas para reducir la intensidad del movimiento y realizar menos esfuerzo.

énfasis	fuerza
clave visual	girar los dedos
repetir	10 veces

1 Desde la posición sentada, espira y contrae los abdominales elevando las piernas hasta una posición de equilibrio. Pon las manos a ambos lados con los dedos apuntando hacia delante. Eleva la cabeza hacia el techo a medida que estiras las piernas.

2 Inspira para prepararte y mantén el cuerpo en posición fija. A continuación, dibuja un círculo hacia fuera con las piernas mientras espiras. Céntrate en los abdominales, que son el punto de control desde el que parte el impulso de giro.

3 Completa el círculo manteniendo el movimiento en la parte superior y repitiéndolo en la dirección opuesta. Para reducir la intensidad puedes elevar un poco más las piernas y doblar las rodillas. También puedes descender hasta apoyarte sobre los codos. Para ayudarte a sentir los efectos del ejercicio, haz que un amigo te agarre los hombros y los mantenga inmóviles. No permitas que realicen ningún movimiento mientras dibujas los círculos.

las tijeras

Éste es un movimiento de fuerza que te plantea el desafío de mantenerte en equilibrio mientras cambias de pierna.

¡Atención!

No dejes que las piernas caigan hacia ti. Será de ayuda si te mantienes centrado en la pierna que está más alejada de ti. Permite que sea esa pierna la que dirija el lento movimiento de la «tijera».

énfasis	fuerza
clave visual	tijeras
repetir	10 veces

1 Túmbate en el suelo con los brazos a ambos lados. Espira mientras elevas el cuerpo hasta situarlo sobre los hombros, usando el movimiento de la navaja (página 82). Coloca las manos detrás de la espalda para apoyarte.

2 Espira abriendo las piernas y separándolas la misma distancia de la vertical. Apunta con los dedos hacia el cielo, estirándolos tanto como puedas para alargar las piernas.

3 Inspira mientras se cierra el movimiento de tijera y las piernas pasan de un lado al otro. Mantén un ritmo lento y consistente mientras vas descubriendo la máxima anchura posible de cada movimiento de «tijera» sin mover las caderas. Mantén las caderas apuntando hacia el techo, usando los abdominales para retirar parte de su peso de tus codos. Estira el cuello y mantén los hombros estirados, sin aplastarlos.

alternativas a las tijeras

Las tijeras también puede ser un ejercicio eficaz cuando se realiza más cerca del suelo. Ésto reducirá la tensión de la gravedad y hará que el movimiento sea más fácil de controlar. Esta alternativa te pide que muevas las piernas en diagonal en lugar de hacerlo respecto a un eje vertical.

¡Atención!

Recuerda mantener la barbilla metida y comienza el movimiento desde los abdominales.

1 Mueve lentamente una pierna hacia abajo manteniendo la otra a la misma altura. Cambia las piernas suavemente hasta que hayas completado diez ciclos de este movimiento.

2 Eleva las piernas hasta ponerlas en diagonal. Sube lentamente los brazos desde los lados, apuntando con los dedos de las manos hacia los dedos de los pies.

el balanceo

Este movimiento está diseñado para fortalecer la espalda, curvándola hacia atrás.

¡Atención!

Este movimiento extiende y tira de los músculos de la parte baja de la espalda. Si sientes incómodas tensiones en esa parte, es mejor no levantarla mucho del suelo.

énfasis	fuerza
clave visual	mecedora
repetir	10 veces

1 Túmbate mirando hacia abajo y eleva las piernas agarrándote de los pies. Contrae los abdominales dejando un hueco debajo de tu ombligo por el que se podría introducir una hoja de papel. Estira las piernas y empuja las orejas hacia delante.

2 Manteniendo la fuerza en el centro, eleva más las piernas y espira. Lleva el movimiento hasta un punto de tensión que te resulte desafiante.

3 Inspira mientras ruedas hacia delante y espira recuperando la posición anterior. Mantén un movimiento controlado, impulsándote desde el centro.

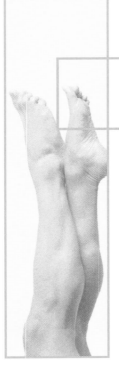

intensidad elevada

Éstos son los movimientos más difíciles y están destinados a producir fuerza y flexibilidad en la misma medida. Sólo debes praticarlos cuando estés preparado para ello. Recuerda todos los elementos vitales de la técnica Pilates mientras los practicas.

el bumerán

Este movimiento favorece la movilidad de la columna y hace uso del peso corporal y del de las piernas.

¡Atención!

Éste es el más difícil de la serie de ejercicios de rodar. Con las piernas plenamente extendidas, sentirás tensión en los músculos de la espalda, por lo que, como siempre, es muy importante recordar el calentamiento. Si sientes mucha tensión, vuelve al cangrejo (página 74) o a uno de los ejercicios más sencillos de esta serie.

énfasis	movilidad
clave visual	tirachinas
repetir	10 veces

1 Siéntate con las piernas estiradas hacia delante; la pierna derecha debe estar cruzada por encima de la izquierda. Tensa las piernas hacia delante y contrae los abdominales. Mantén la cabeza recta y deja que los brazos descansen a ambos lados. Mueve los hombros para mantenerlos abiertos y asegurarte de que no los elevas de la espalda.

2 Inclina el cuerpo hacia delante y estira los brazos hacia atrás. Fija la posición corporal cuando alcances el punto de tensión.

3 Inspira rodando hacia atrás sobre los hombros. Mantén las piernas rectas y emplea los brazos como estabilizadores. Espira mientras vuelves hacia delante. Controla las piernas hasta que toquen suavemente el suelo delante de ti. Realiza los movimientos con suavidad.

estirar el cuello

Este movimiento fortalece y pone a prueba tu capacidad de elevar el cuerpo del suelo.

¡Atención!

Este ejercicio usa el peso de los brazos para aumentar la intensidad del movimiento. También añade presión en la espalda. Si sientes una tensión excesiva, realiza una versión más básica.

énfasis	fuerza
clave visual	doblarse
repetir	10 veces

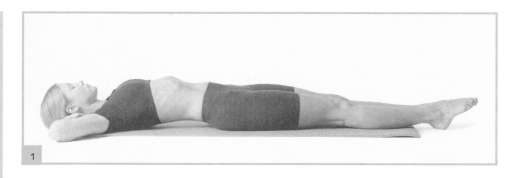

1 Túmbate en el suelo con los brazos por detrás de la cabeza y los dedos entrelazados. Estira las piernas rectas con los dedos apuntando a lo lejos. Comprueba que tienes la espalda en posición neutral y que tiras hacia dentro desde tu centro.

2 Rueda lentamente hacia delante y ve despegando la espalda del suelo mientras espiras. Mantén un movimiento lento y suave, y suelta los brazos si sientes alguna tensión en la espalda. Tira hacia dentro y hacia arriba con los abdominales sin doblar las rodillas.

3 Estírate hacia delante hasta el punto de tensión y entonces, sin detenerte, vuelve a rodar hacia abajo, depositando las vértebras en la colchoneta una a una. Procura tomar conciencia de cada disco y sentir que cada vértebra se imprime en la esterilla, imaginando que está hecha de suave plastilina.

control del equilibrio

Éste es el más difícil de los movimientos, ya que no cuentas con la ayuda de los brazos para estabilizarte. Sirve para fortalecerte y te plantea el desafío de mantenerte en equilibrio mientras mueves las piernas.

¡Atención!

Asegúrate de tener la suficiente flexibilidad para realizar este ejercicio con el control necesario.

énfasis	fuerza
clave visual	muelle
repetir	10 veces

1 Túmbate en el suelo con la espalda en posición neutral, las piernas rectas y los brazos a ambos lados.

2 Espira levantando las piernas lentamente sobre la cabeza, hasta que toquen el suelo. Cógete de los tobillos en la espiración.

3 Inspira mientras apuntas con la pierna derecha hacia el techo, estirando el cuerpo hacia arriba y hacia atrás. Trabaja desde tu centro de fuerza para mantener el equilibrio.

4 Espira mientras vas cambiando lentamente a la otra pierna sin detenerte, manteniendo la continuidad del movimiento a medida que vas pasando por cada punto.

5 Después de haber acabado la serie, inspira y desciende lentamente las piernas hasta depositarlas sobre la cabeza. Después, vuelve a rodar hacia la alfombrilla hasta adoptar la posición original, acabando el ejercicio en espiración.

tirón de pierna en posición supina

Este movimiento fortalece y pone a prueba los abdominales, manteniendo las caderas elevadas mientras mueves las piernas.

¡Atención!

Descarga el peso corporal de los hombros tirando de los omóplatos hacia abajo y manteniendo el cuello estirado.

énfasis	fuerza
clave visual	caminar egipcio
repetir	10 veces

1 Comienza en la posición sentada con las piernas estiradas delante de ti. Coloca las manos en el suelo, separadas a la distancia de los hombros y con los dedos apuntando hacia las rodillas. Mantén la cabeza elevada hacia el techo. Contrae los abdominales y baja los hombros.

1

2

3

2 Inspira elevando las caderas hacia el techo, dibujando una línea recta desde los hombros y a lo largo de las caderas hasta los tobillos.

3 Espira levantando la pierna izquierda hacia el techo y manteniendo las caderas fijas. Sitúate en tu centro de fuerza al levantar las piernas. Inspira mientras bajas una pierna y cambias a la otra. Repítelo 10 veces con cada pierna y después desciende lentamente. Mantén un flujo de movimiento continuo mientras cambias de pierna.

el sacacorchos

Este ejercicio aumenta la fuerza y exige que controles el movimiento incluso en una posición desequilibrada.

¡Atención!

Es muy importante que antes de afrontar el desafío de un movimiento desequilibrado cuentes con fuerza suficiente en tu centro.

énfasis	fuerza
clave visual	giro
	lateral
repetir	10 veces

1

2

3

1 Túmbate recto sobre el suelo con los brazos a ambos lados. Espira levantando las piernas y el torso lentamente sobre la cabeza, dejando que los dedos de los pies toquen el suelo. Ve despegando lentamente la espalda del suelo. Mantén los brazos a los lados para ayudarte a despegar del suelo y comprueba que tienes los hombros bajos, caídos hacia la espalda. Inspira al llegar al punto más alto del movimiento.

2 Espira y permite que las piernas, juntas, empiecen a dibujar un semicírculo. Comienza con un pequeño círculo para mantener el control y después trata de localizar el lugar donde estás a punto de perderlo. Siente el lado de la columna que toca el suelo a medida que completas el semicírculo.

3 Cuando tu cóccix toque el suelo, inspira lentamente y repite el movimiento, elevando las piernas y pasándolas sobre la cabeza. Esta vez, dibuja el semicírculo hacia el otro lado. Trabaja los dos lados con igual intensidad y recuerda que cuanto más lento sea el movimiento, sobre todo en la fase de descenso, más fuerza desarrollarás. Mantén una acción continua que fluya equilibradamente.

INTENSIDAD ELEVADA

giro completo

Este movimiento aumenta la flexibilidad de la espalda y fortalece los músculos de la espalda y los hombros.

¡Atención!

No debes sentir presión en la parte inferior de la espalda. No dobles las rodillas y no te esfuerces por tocar el suelo con los dedos de los pies. Ya irá surgiendo con la práctica.

énfasis	fuerza
clave visual	espalda hacia atrás
repetir	10 veces

1 Deja los brazos ligeramente distanciados a ambos lados y apunta con los pies a lo lejos. Eleva las piernas lentamente del suelo hasta pasarlas por encima de la cabeza. Mantén los dedos en punta. Siente cómo se va elevando cada vértebra de la esterilla a medida que alejas las piernas por encima del cuerpo.

2 Continúa moviendo las piernas hasta tocar el suelo suavemente con los pies por detrás de la cabeza. Usa los brazos para mantener el control y el equilibrio.

3 Sigue moviéndote y eleva las piernas por encima de la cabeza. Procura mantener la continuidad en la acción.

4 Cuando hayas completado el ciclo con las piernas y estés de vuelta en la posición, abre las piernas hasta separar los pies a una distancia mayor que la de las manos. No trates de abrirlos demasiado. Únelos y vuelve a comenzar el movimiento.

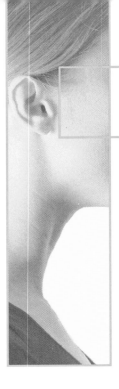

claves a recordar

Casi todos los movimientos Pilates requieren que adoptes algunas posiciones que al principio te pueden parecer incómodas. Aquí describo las mejores maneras de colocar el cuerpo durante los ejercicios. Tienes que mantener las posturas adecuadas para completar los movimientos de manera correcta y asegurarte de que no te lesionas inadvertidamente.

abdominales

Cuando ejercitas los abdominales es importante asegurarte de que respiras correctamente. Es normal descubrir que inspiras al contraer los abdominales y espiras al sacar el vientre; sin embargo, tienes que hacer lo contrario. Espira al meter el ombligo y los músculos abdominales.

Cuando hablo de «tu centro», me refiero al área situada entre las costillas y las caderas. Para mucha gente, los músculos abdominales son la zona más desatendida del cuerpo. Los vientres flojos son la prueba de lo descuidada que tenemos esta región. El simple hecho de contraer los abdominales puede producir dolor o acortar la respiración. Joseph Pilates denominó a la zona abdominal «el generador», precisamente porque toda la fuerza de nuestro cuerpo se origina en nuestro centro. Los abdominales funcionan como una segunda columna porque sostienen la espalda y ayudan a mantener la postura erecta. Estos músculos comprenden diversas capas: los rectos abdominales, los oblicuos internos y externos y los abdominales transversos. Algunos de los movimientos Pilates se centran en éstos últimos músculos que rodean al diafragma, aproximadamente en el lugar donde iría el cinturón de una persona perezosa que llevara los pantalones caídos. Los Pilates harán que tomes más consciencia de tus abdominales.

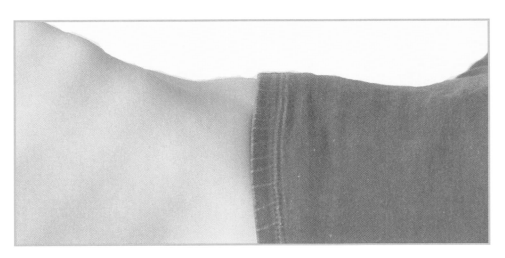

cuello

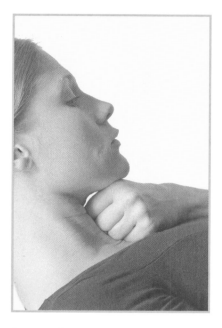

Es importante que fortalezcamos el cuello, ya que soporta el peso de la cabeza. Como media, una cabeza humana pesa aproximadamente entre siete y nueve kilos. En muchos de los ejercicios Pilates se espera que podamos llevar ese peso; pero esto, como cualquier proceso de fortalecimiento, puede requerir tiempo. Si en algún momento sientes que tienes demasiada tensión en el cuello, pon las manos detrás de la cabeza. Es muy importante tener la cabeza alineada con el resto del cuerpo al realizar los movimientos. He descubierto que la manera más sencilla de comprobarlo es meter el puño entre la barbilla y el pecho, de modo que la cabeza pueda descansar sobre él. Otra buena manera de comprobar la posición del cuello es imaginar que sostienes una naranja bajo la barbilla. Así dejas de sacarla hacia delante y de forzar los músculos del cuello, y también evitas aplastar la barbilla contra el pecho. Emplea estos métodos para asegurarte de que estás realizando los movimientos correctamente. Tener el cuello rígido por la mañana después de hacer los ejercicios indica que te has esforzado demasiado. La próxima vez que practiques, echa los brazos atrás mucho antes para sostener el peso de la cabeza.

hombros

En todos los movimientos, los músculos de los hombros deben permanecer caídos y tender hacia la espalda. Cuando empleamos los hombros en ejercicios de fuerza descubrimos que tienden a elevarse de la espalda y a encorvarse en el cuello. Ponte de pie, derecho, y siente la posición ideal en la que deben permanecer. Me gusta pensar en ellos como en dos platos que tengo que hacer descender hacia la espalda. Cuando hacemos bajar los hombros hacia la espalda, automáticamente el pecho queda prominente y descubrimos que cambia nuestra apariencia. Procura mantener esta posición de hombros tanto cuando estés de pie como sentado. Al principio tendrás que reajustar la posición de los hombros constantemente, pero con el tiempo descubrirás que puedes adoptar esta pose con facilidad y naturalidad.

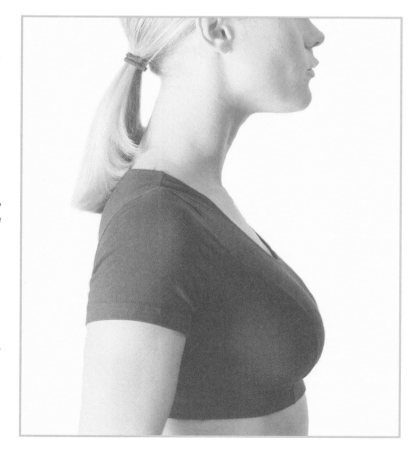

glosario

Músculos abdominales (abs): músculos distribuidos en capas que rodean al diafragma y se entrecruzan en diversos ángulos. Existen cuatro tipos: los rectos abdominales, los internos oblicuos, los externos oblicuos y los abdominales transversos.

Ejercicio aeróbico: cualquier actividad mantenida que trabaja el corazón y los pulmones, aumentando la cantidad de oxígeno en sangre.

Alineamiento: disposición en línea recta.

Cardiovascular: relacionado con el corazón o los vasos sanguíneos.

Movimientos de centramiento: ejercicios Pilates que trabajan el centro del cuerpo, los abdominales y la espalda.

Ejercicios nucleares: movimientos Pilates para fortalecer los músculos abdominales y de la espalda.

Aplastamiento: ejercicios de sentarse desde la posición tumbada en los que los abdominales quedan apretados, acortando es espacio existente entre las caderas y la caja torácica.

Contrología: nombre dado por Joseph Pilates a este método de ejercicios que definió como: «La ciencia y el arte de coordinar el desarrollo de la mente y el espíritu a través de movimientos naturales bajo un estricto control de la voluntad».

Forma de C: la forma de la columna cuando el cuerpo se inclina hacia delante y se queda doblado debido a una mala postura.

Elongación: alargamiento del músculo. Los músculos se hacen esbeltos estirándolos más que contrayéndolos.

Tensión oculta: cuando un grupo de músculos compensan una lesión o problema empleando músculos largos para proteger a los más débiles.

Encorvamiento: resultado de la tensión de cuello y hombros dentro de los trapecios. Estos músculos suelen tensarse en una reacción defensiva automática.

Hiperextensión: extenderse más de 180 grados. Esto ocurre cuando los músculos se tensan y las articulaciones de los codos y rodillas se cierran, produciendo un giro inverso.

Imprimir: depositar suavemente cada vértebra en la esterilla, como si tratáramos de dejar huella.

Curva lumbar: la curva de la espalda en su parte inferior.

Sobrecarga: punto en el que el esfuerzo que se requiere de un músculo para soportar el peso aplicado es excesivo. La sobrecarga puede producir un desgarramiento del tejido.

Generador: el nombre que Joseph Pilates dio a la zona abdominal que se encuentra entre la caja torácica y las caderas. Los ejercicios Pilates trabajan esta zona para crear una espalda más fuerte y equilibrada.

Prona: postura con el rostro hacia el suelo.

Resistencia: una fuerza opuesta que empuja en dirección contraria a la marcada por el músculo.

Rodar: ejercicios en los que la columna rueda sobre la esterilla, vértebra a vértebra.

Rodillas blandas: práctica de mantener las rodillas relajadas y ligeramente dobladas, en lugar de estiradas.

Supina: postura con la espalda hacia el suelo.

Tendón: tejido elástico que une el hueso con el músculo.

Posición trípode: cuando los pies soportan el peso del cuerpo distribuyéndolo igualmente entre tres puntos: la parte delantera del pie, el centro del talón y el borde externo del pie, cerca del dedo pequeño.

Vértebra: cada uno de los segmentos óseos que forman la columna vertebral.

Visualización: empleo de imágenes mentales para ayudarse en la realización de tareas físicas. Es un elemento importante de la técnica Pilates que ayuda a que la mente controle el cuerpo más eficazmente.

índice

agradecimientos

Me gustaría dar las gracias a mi madre y a mi familia por apoyarme tanto: yo era un chico de Scunthorpe, una ciudad norteña donde abundan las fundiciones de hierro, que quería ir a la escuela de danza (gracias, John Travolta, por hacer que resulte aceptable que los hombres queramos bailar). También quiero dar las gracias sinceras a mi mentor y profesor Alan Herdman, que me inspiró para que me dedicara profesionalmente a los Pilates, y a todos los demás profesores de Pilates que han compartido sus conocimientos conmigo. Gracias a mi amigo David, que me dijo que no estaba loco cuando le hablé de que quería abrir mi propio estudio en Pinneaple, donde nadie había oído hablar de los Pilates. A mis amigos del Ballet de Houston, que me hicieron sentir en esa ciudad como en mi segundo hogar. A Malcom, por todo el apoyo y los ánimos recibidos a lo largo de este último año. A todos los de Mitchell Beazley ediciones, especialmente a Rachael, Emma, Mary, Frances y Kenny por sus dulces modales y por mantener la cabeza fría cuando estaban a punto de vencer los plazos de entrega. Y, finalmente, doy las gracias a todos los que han asistido a mis clases en todo el mundo a lo largo de los años. ¡Ha sido genial!

Créditos fotográficos: 10,11 Getty One Stone/Lori Adamski Peek; 14,15 Adri Berger; 16,17 Balanced Body; 18 David Ash; 20,21 Retna Pictures Ltd; 26,27 K Dan-Bergman; 49 David Ash.